A LITTLE BIT DIFFERENT

조금 다른

김변호사의 진화심리 에세이

김석

박영사

머리말

더 늦기 전에 '한 길 사람 속'을 알아보자고 시작한 일이 눈덩이처럼 커져 버렸다. 제 몸뚱이보다 큰 사슴을 입에 넣고 삼키지도 뱉지도 못하는 비단뱀처럼 사투를 벌인 시간이었다. '변호사 머리는 입금될 때부터 돌아간다는데, 도대체 지금 무얼 하고 있나?' 하는 '현타'도 여러 번 왔다. 모두가 정신적 역마살 탓이다.

다행히 소득이 전혀 없지는 않아서 책을 읽고 글을 쓰는 동안 내 안에 잠복해 있던 수렵·채집인의 본성이 서서히 꿈틀거리는 것을 느꼈다. 세상과 사람을 보는 눈이 조금 더 넓고 깊어졌으며, 아무런 인연이 없을 것 같은 과학과 송사가 제법 닮았다는 것도 깨달았다. 둘 다 논리와 증거로 말한다는 사실이다.

진화심리학은 인간의 심리와 행동을 진화론의 관점에서 이해하려는 연구 분야다. 오늘 우리의 감정, 심리, 가치, 기호, 습관은 모두 수백만 년에 걸친 인류 진화의 결과물, 특히 오랜 수렵·채집시대의 산물이라는 것이다. 진화심리학은 우리의 마음과 행동이 어떻게 만들어졌는지 매우 설득력 있게 보여준다. 그러나 정작 무엇을 어떻게 할 것인가를 말하지는 않는다. 진화는 존재를 말할 뿐 당위를 말하지 않으며, 과거를 말할 뿐 미래를 말하지 않기 때문이다. 진화는 본래 우연(변이)이고, 목적도 방향도 없는, 끝없는 과정이다.

현직 대통령의 갑작스런 비상계엄 선포로 촉발된 탄핵 국면이 헌법재판소의 파면 결정으로 일단락되었다. 아무런 절차적·실체적 요건도 갖추지 못한 위헌·위법적인 계엄 선포에 대한 지극히 상식적인 결론이지만 그 과정에서 추락할 대로 추락한 우리 사법부와 공권력에 대한 신뢰, 국민의 쪼개지고 갈라진 마음을 어떻게 회복하고 수습할 것인지 걱정이 앞서는 것도 사실이다. 대통령 한 사람의 진퇴보다 통치제도 자체에 대한 구성원의 신뢰, 국민의 통합이 공동체의 유지·존속에 훨씬 중요한 문제이기 때문이다.

날카로운 이빨도, 발톱도 가지지 못한 우리 인간은 집단을 이루고 뇌를 발달시키는 방향으로 생존하고 적응했다. 외부의 적과 포식자에 대항하고 먹이(동물)를 사냥하기 위해서는 협력이 필수적이었다. 오늘날 우리가 필요 이상의 대립과 반목, 증오를 거듭하는 이유는 그러한 분업과 협동의 자아에 대한 집단적 기억상실에서 비롯된 바 크다. 인간이란 과연 어떤 존재이고, 어떻게 생존하고 번식했는지 알지 못하거나 망각한 것이다.

단세포생물에서 진화한 인간이 오늘의 모습을 하게 된 것은 재현이 불가능한 놀라운 우연이다. 그런 점에서 우리 모두는 존재만으로 기적이다. 반면 우리는 '생존과 번식'의 굴레를 벗어날 수 없는 엄연한 동물이며, 우리의 인식과 행동은 제한적이고, 때로 시대착오적이다. 한마디로 우리 인간은 '80억 건의 기적이자 동시에 80억 명의 바보들'이다.

시대의 영욕과 희비를 함께 할 수밖에 없는 일원으로서 나는 진화심리학이 말하는 이와 같은 생각과 주제가 오늘의 우리 현실을 새롭게 성찰하고 사람들의 갈라진 마음을 잇는 계기가 되기를 진심으로 바란다.

원고를 같이 읽고 조언해준 정종복 님, 김관홍 님, 이홍병 님, 장형식 박사님께 감사드린다. 자, 그럼 지금부터 알면 알수록 경이롭고 오묘한 인간과 그 마음속 세계로 같이 한번 들어가 보자.

차례

두 개의 시선

사람과 동물 사이

사람을 바라보는 서로 다른 두 개의 시선이 있다. 하나는 인간의 고유성, 독자성을 강조하는 견해다. 인간과 동물은 본질적으로 다르고 둘 사이에는 건널 수 없는 강이 있다고 보는 것이다. '이성이 지배하는 인간과 본능이 지배하는 동물'이라는 생각이 대표적이다. 대체로 인문학자들과 종교인들, 일반 사람들이 갖고 있는 생각이다. 특히 기독교인들에게 인간은 신이 자신의 형상대로 빚은 신의 자녀들이고, 모든 살아있는 생명체들을 지배하도록 창조된 존재다.

그러나 이와 같은 전통적 견해는 오늘날 많은 도전에 직면해 있다. 동물행동학자들, 영장류 연구자들은 인간의 특성이라고 거론되는 것들의 대부분은 다른 동물(영장류)들도 가지고 있으며, 다만 정도의 차이일 뿐이라고 주장한다. 그들은 '인간의 독자성을 강조하는 새로운 연구나 실험은 10년이 안 돼서 깨지기 마련'이라며, 반려동물을 한번 키워보라고 권고한다.

도구의 사용을 보자. 도구를 제작하고 사용하는 것은 인간의 전형적 특성으로 거론된다. 발달된 뇌와 자유로운 손을 필요로 하기 때문이다. 그러나 침팬지는 개미굴에 나무줄기를 넣어 흰개미를 낚시질하고, 단단한 돌로 견과류를 깨먹는다. 수달(해달)은 돌로 조개를 파내고 껍질을 깨서 먹는다. 까치는 잔가지들을 부지런히 물어다 날라 둥지를 짓는다. 바우어새는 탁월한 인테리어 건축가다. 바우어새 수컷은 암컷에게 구애하기 위해 나뭇가지와 돌, 꽃, 뼈와 같은 자연물뿐 아니라 플라스틱, 유리, 철사 등 온갖 재료를 이용해 크고 화려한 정자를 짓는다. 더 신기한 것은 이들이 장식을 하는 도중 이따금 뒤로 몇 발짝 물러서서 모양을 살펴보고 수정을 한다는 것이다.

도구의 사용은 그렇다 치고 도구를 제작하는 것은 인간이 유일하지 않느냐고 반문하면, 이렇게 대답할 수도 있다. 침팬지가 그럴듯한 낚싯대를 만들기 위해 줄기의 잎사귀를 훑어내고 밑동을 씹어 개미가 기어오를 통로를 넓히는 것은 도구의 제작인가 아닌가.

새로운 보고들

특히 영장류 학자들의 새로운 보고들은 신기하고 놀랍기까지 하다. 침팬지가 빨간색 토큰을 집어 들면 그 자신에게만 보상(먹이)하고, 초록색 토큰을 집어 들면 그 자신과 이를 지켜보는 개체 모두에게 보상(먹이)하는 실험을 했는데 세 번 중 두 번꼴로 초록색 토큰을 집어 들었다는 것이다. 침팬지도 서로의 행복을 배려한다는 말이다.

원숭이는 바나나 한 조각을 그대로 두면 바나나 한 개를 통째로 받는다는 걸 알게 되면 바나나 조각을 내버려 둔다는 실험결과도 보고되었다. 어린아이들을 상대로 한 유명한 마시멜로 실험의 원숭이 버전인 셈이다. 어느 동물원에서는 고릴라 한 마리가 우리에 떨어진 사내아이를 달랜 후 관리자가 구출할 수 있도록 문 가까이에 데려다 놓았다고 한다.

영장류는 아니지만 (돌)고래와 코끼리도 자주 언급되는 영물이다. 돌고래 무리가 상처 입은 동료를 수면까지 밀고 올라가 호흡을 돕는 행동이 관찰되었다. 잘 알겠지만 돌고래는 포유류로 공기호흡을 하지 못하면 익사한다. 어느 해에는 돌고래들이 상어에게 습격당한 잠수부를 에워싸고 보호해준 사건도 발생했다.

인도의 벵골지역에서는 아시아코끼리가 숲이나 차 재배지, 강가 등에 새끼코끼리를 매장한 현장이 발견되었고, 아프리카코끼리가 죽은 코끼리를 찾아 조문(?)하고, 밤새 그 곁을 지키는 행동도 목격되었다. 코끼리는 초저주파 음으로 신호를 보내 수십 km 떨어진 동료와도 의사소통을 한다고 전해진다.

최근에는 엄마 코끼리를 구한 아기 코끼리 이야기도 보도되었다. 사연은 이렇다. 아프리카 잠비아의 한 국립공원에서 엄마 코끼리가 물을 마시고 있을 때 악어 한 마리가 물속에서 튀어나와 코를 물었다. 당황한 엄마 코끼리는 악어를 떼어내려고 발버둥 치면서 뭍으로 나왔지만 악어는 코를 물고 놓아주지 않았다. 그때 아기 코끼리가 기지를 발휘해 엉덩이로 악어의 얼굴 부위를 깔아뭉갰다. 놀란 악어가 입을 벌리는 사이 엄마 코끼리는 무사히 코를 뺐고, 악어는 물속으로 도망치듯 돌아갔다는 이야기다.

대체로 이들 동물에게 상당한 지능과 감정뿐 아니라 공감 능력, 공정성, 이타성, 비친족적 협력 행동의 DNA가 있다는 것이다. 이러한 보고들을 접하면 과연 인간의 고유성은 존재하는지, 인간의 설 자리는 과연 어디인지 의문이 들지 않을 수 없다.

오만과 편견

그간 우리가 동물에 대해 무관심하고 무지했던 것은 사실이다. 동물의 진화는 우리가 생각하는 것보다 훨씬 더 진전된 것인지도 모른다. 특히 반려동물은 진화의 정점에 있는 인간과 주거, 음식, 생활을 같이 하며, 일상적으로 인간을 보고 배운다.

세상의 주인은 오직 인간이고, 모든 동물은 지배의 대상이자 미물일 뿐이라는 인간 중심주의, 오만과 편견 때문이다. 지금도 우리 형법상으로 동물은 재물이고 동물을 죽이면 재물손괴에 해당한다.

무관심은 무지를 낳고 무지는 다시 무관심을 강화한다. 사실은 우리가 일부러 무관심한 척, 무지한 척했을 수도 있다. 매일 같이 동물을 도살하고 그 사체를 냉장고에 보관하고 조리해서 먹고 사는 상황에서 그들도 감정이 있고 생각이 있다는 사실은 분명 외면하고 싶은 불편한 진실이기 때문이다.

물고기는 헤엄치고 새는 하늘을 날고 벌은 쏜다. 그렇다면 물고기는 소리를 들을 수 있을까? 꿀벌은 색깔을 구별하고, 참새는 학습능력이 있을까? 정답은 '그렇다'이다. 간단한 실험과 관찰만으로도 그런 사실을 바로 알 수 있다.

휘파람을 불면서 먹이를 주면 물고기는 이후 휘파람 소리만 들어도 수면으로 올라온다. 노란색 천 위에서 설탕물을 먹은 꿀벌은 다음부터 노란색을 찾고 그 주위로 날아든다. 처음에는 허수아비를 경계하던 참새도 그것이 나무와 천조각에 불과하다는 것을 알게 되면 스스럼없이 허수아비의 머리와 어깨에 내려앉는다.

물고기와 꿀벌과 참새가 인간처럼 소리를 듣고 색깔을 구별하며 학습능력이 있다는 것을 알 수 있다. 그뿐만이 아니다. 이들이 특정한 소리와 색깔을 먹이와 연결하는 '연상능력'과 '기억능력'이 있다는 사실도 추론할 수 있다.

동물의 감정

사람에게는 수많은 서로 다른 감정이 존재한다. 인간의 감정을 세분하면 총 450여 개에 이른다는 사람도 있다. 실제로 우리는 하루 중에도 여러 차례 상반된 감정이 일어났다가 사라지는 것을 느낀다. 그렇다면 동물은 어떨까? 사람처럼 다양하고 섬세하지는 않더라도 기본적인 감정 체계를 구비하고 있을까?

동물이 고통을 느낀다는 것은 이제 누구나 아는 사실이다. 그러나 즐거움을 느끼는가에 대해서는 아직도 많은 사람들이 의문을 가진다. 고통은 동물계 일반의 본능적인 감각으로 보는 반면, 즐거움은 인간에게 고유한 고차원적인 감정이라고 생각하기 때문이다.

그러나 동물이 고통을 느낀다면 정반대의 감각 경험인 즐거움을 느끼지 못할 이유가 없다. 생쥐들은 서로 몸을 부딪치며 치고받고 노는 것을 좋아한다. 큰 까마귀는 가끔 몸을 뒤집어 거꾸로 날고, 눈 쌓인 언덕에서 미끄럼 타기를 즐긴다.

그들도 사람처럼 배고픔과 공포와 고통과 슬픔과 기쁨과 쾌감을 느끼고 표현한다. 뿐만 아니라 기억하고 연상하고 계획한다는 증거도 허다하다. 척추동물, 특히 포유류는 기본적으로 사람과 동일한 신체구조와 감각기관, 신경전달물질을 가지고 있다. 뇌, 척추, 근육, 신경, 순환계(심혈관), 소화계, 생식계로 이루어져 있고, 시각, 후각, 청각, 촉각, 미각을 가지고 있으며, 신경전달물질(호르몬)이 분비된다. 감각하고 전달하고 의식하고 처리할 수 있는 제반 조건이 갖춰져 있는 것이다.

사람과 침팬지와 원숭이는 모두 공포를 느끼면 똑같은 신경전달물질이 분비되고 머리와 몸에 퍼진다. 똑같은 성호르몬(테스토스테론, 에스트로겐)과 스트레스 호르몬(아드레날린, 코르티솔), 그리고 사랑의 호르몬(옥시토신)을 가지고 있다. 생각해보라. 하나의 생명의 나무에서 뻗어나간 수많은 가지 중에서 오직 인간이라는 가지에만 수액이 돌아야 할 이유가 있는가? 그리하여 이제 동물이 사람처럼 감정과 의식을 가진 존재이고, 개체마다 서로 다른 개성을 지녔다는 사실은 의심의 여지가 없어 보인다.

침팬지 화가

그러나 학자들은 곧잘 주제와 사랑에 빠진다. 자기의 연구주제가 세상에서 가장 중요하고, 자신의 발견이 가장 독보적이라고 과장하는 경향이 있다. 막스 베버의 말처럼 '어느 사본(寫本)의 어느 부분을 다루면서, "이것이 수천 년 전부터 해석되지 못한 영원한 문제"라며 모든 것을 잊고 그 해석을 얻는 데만 열중하는 존재'다.

사육된 동물과 야생의 동물을 완전히 동일시할 수는 없다. 현재 야생동물은 거의 사라지고 대부분의 동물은 보호구역과 동물원, 실험실에 존재한다. 포획되고 관리된 동물은 인간화된 동물이고 나쁘게 말하면 인간에 의해 오염된 동물이다.

사육된 침팬지 중에는 그림을 그리는 화가도 있다. 그 그림을 사람의 작품과 섞어 몰래 전시했을 때는 관객들의 찬사가 쏟아졌다고 한다. 그러나 그림 그리는 침팬지는 사람에 의해 길들여지고 학습된 것이며, 야생의 침팬지는 그림을 그리지 않는다.

먹이를 포기하고 레버(지렛대) 누르기를 중단한 이타적인 쥐의 사례는 어떤가? 레버를 누르면 먹이가 내려오지만 동시에 다른 쥐가 전기

충격을 받는다는 것을 알고는 레버 누르기를 중단했다는 것인데, 야생의 쥐는 레버를 누르지 않으며, 레버를 누른다고 먹이가 내려오는 것도 아니다.

계산능력이 있다고 알려진 영리한 말(馬) 한스(Clever Hans)는 사실은 덧셈이나 뺄셈을 한 것이 아니라 주인(실험자)의 특정한 신호(행동)에 맞춰 발굽 두드리는 것을 멈췄을 뿐이다. 한편의 사기극으로 판명된 것이다.

혹시 그러한 결과들이 인간에 의해 인위적으로 유도된 결론은 아닌지 한 번쯤 경계하고 의심해볼 필요가 있다. 현실에서는 야생 곰이 사람을 낭떠러지로 밀거나, 성난 코끼리가 관광객을 밟아 죽이는 일도 종종 발생한다.

더미의 역설

정도의 차이와 질적 차이를 구분하는 것이 쉬운 일은 아니다. '더미의 역설'이라는 것이 있다. 모래더미에서 모래 한 알을 빼내도 모래더미고, 그 모래더미에서 다시 한 알을 빼내도 역시 모래더미다. 모래더미에서 모래 한 알을 빼내면 언제나 모래더미고, 마침내 모래가 하나도 남지 않아도 모래더미다. 반대로 모래알 한 개에 모래알 한 개를 더해도 모래알이고 거기에 모래알 한 개를 더해도 역시 모래알이다. 모래알에 모래 한 알을 더하면 언제나 모래알이고, 결국 모래알이 산더미처럼 쌓여도 모래알이다.

그러나 우리는 양적 차이가 어느 시점에는 질적인 차이를 낳는다는 것을 안다. 모래의 양과 형태를 보면 그것이 모래알인지 모래더미인지 구별할 수 있다. 정확히 언제부터 어른이 되고, 노인이 되는지는 알지 못해도 어느 순간 어른이나 노인이 된 자신을 깨닫는 것과 같다. 동물과 인간이 정도의 차이만 있다고 해서 동물이 인간과 같거나 인간이 동물과 같다고 할 수는 없다.

가축화를 보자. 인간은 다른 동물을 길들이고 키우며 필요에 따라 먹고 이용하는 유일한 존재다. 세상 어느 동물도 다른 동물을 기르고 사육하는 종은 없다. 인간만이 다른 동물을 지배하고 관리하며, 모든 동물은 인간의 지배와 관리하에 있는 것 하나로도 인간과 동물은 구별된다. 요리행위는 어떤가? 동물은 모두 먹이를 섭취하고 그 영양분으로 살아가지만 양념하고 조리하여 먹는 존재는 아직 인간뿐이다. 문자를 쓰고, 도시를 만들고, 문화와 종교를 향유하며, 우주선을 타고 태양계의 행성을 왕래하는 존재는 인간이 유일하다.

인간적인 것들 1

옆집 남자

현존하는 인구는 지금껏 지구상에서 살다간 인류의 7~14% 정도라고 한다. 편차가 적지 않은 것은 그것이 추정치이고, 인류의 시작을 언제로 볼 것인가 하는 문제와도 관련되어 있기 때문이다. 아무튼 적게는 500억 명에서 많게는 1,000억 명 이상의 사람이 지구표면 위에서 명멸해간 것이고, 그만큼 많은 예시와 표본이 존재하는 셈이다. 그뿐인가? 지금 이 글을 쓰는 나도 사람이고, 여러분도 사람이다. 우리는 매일 수많은 사람과 만나고 부대끼며, 사람으로 살아간다. 그럼에도 우리는 여전히 사람에 대해서 잘 알지 못한다.

옆집 남자를 생각해보자. 물론 나는 그를 안다. 엘리베이터에서 가끔 마주치고 눈인사를 한다. 분리수거를 하거나 음식물쓰레기를 버리다가 간단한 안부를 묻고, 날씨 이야기도 주고받는다. 그러나 사실 나는 그에 대해 아는 것이 없다. 이름도, 나이도, 직업도 모른다. 궁금하지 않고, 물어본 적도 없다. 그 또한 마찬가지일 것이다. 배우자와 자녀와 부모는 또 어떤가? 회사 동료와 친구는?

사람 뇌의 무게는 몸무게의 2% 정도에 불과하다. 그러나 전체 열량(칼로리)의 20% 이상을 쓴다. 젊은 시절, 공부에 몰두하다가 머리맡의 거울을 보고 소스라치게 놀란 적이 있다. 거기 혈액이 머리 쪽으로 쏠려 온통 시뻘게진 낯선 얼굴이 있었던 것이다. 사람은 머리를 많이 쓰면 그만큼 빨리 배가 고프고, 피로하고, 지친다.

공부만이 아니다. 뇌는 관계를 형성하고 유지하는 데 더욱 많은 에너지를 사용한다. 우리가 집중하고 신경 쓰는 일의 태반은 사람과의 관계에서 비롯된 것들이다. 인간의 뇌가 큰 것은 그만큼 사회적 관계의 규모가 크고, 다양하고, 중층적이기 때문이다.

관심에는 에너지가 필요하다. 그러나 우리의 몸과 마음은 편리성을 추구하고 에너지 소모를 최소화하도록 조율되어 있다. 깊이 생각하지 않고, 쓸 데 없는 관계를 만들지 않으려고 한다. 생존과 번식에 직결된 보다 중요한 일에 사용할 수 있도록 본능적으로 여분의 에너지를 남기는 것이다. 우리의 인식, 사람과의 관계가 대체로 피상적인 이유다.

사실은 우리가 사람이기 때문에 사람을 잘 모르는 것일 수도 있다. 숲속에서는 숲이 보이지 않는 법이다. 만약 인간보다 더 지적인 생명체가 있어서 인간을 정의한다면 우리는 스스로를 훨씬 더 객관적으로 바라볼 수 있을지 모른다.

지름길

세상에서 사람만큼 이해하기 어려운 존재도 드물다. 피라미드, 마추픽추, 스톤헨지 등을 불가사의라고 하지만 그 불가사의를 만든 불가사의가 바로 인간이다. '열 길 물속은 알아도 한 길 사람 속은 모른다'는 옛말도 있다.

말하자면 사람은 흔들리는 과녁과 같고, 사람을 이해하는 일은 그 과녁에 대고 화살을 쏘는 일과 같다. 총을 먼저 쏘고 나중에 과녁을 그려 넣는 '텍사스 명사수'가 아니라면 처음부터 도달하지 못할 목표일 수도 있다. 인간은 그만큼 복잡하고 모순적인 존재다. '이성적 동물'이고, '사회적 개인'이며, '털 없는 원숭이'고, '네 발 달린 신'이다. '단세포생물의 진화'이면서 동시에 '신의 자녀들'이다. 인간에게는 포유류의 마음과 영장류의 마음, 그리고 문명의 마음이 섞여 있다.

그러나 인류는 시지프스의 바위 굴리기와도 같은 그와 같은 노력을 계속해왔고, 그 전형적인 방법이 바로 인간 고유의 특성에 천착하는 일이었다. 다른 모든 존재와 구별되는 인간만의 특징을 찾아보는 것이다. 물론 여기에는 주의할 것이 하나 있다. 대비를 위해 차이를 강조하다 보면 공통점이나 연속성을 간과하기 쉽고 따라서 균형 잡힌 시각을 갖기 어렵다는 점이다.

인간이 이성적 존재라고 하여 오로지 인간만이 정신적 존재이고, 또 언제나 이성적이라는 생각은 오해이자, 착각이다. 수많은 동물의 크고 작은 뇌를 생각해보자. 그것이 단지 목이나 어깨 위에 얹힌 무거운 장식물일까? 그것이 신의 창조물이든 진화(자연선택)의 결과이든 신과 자연은 굳이 불필요하고 무용한 것을 만들어낼 이유가 있을까?

이성적으로 생각하고 행동한다고 하지만 우리 인간도 하루 중 많은 시간을 먹고, 자고, 싸고, 섹스하고, 시기하고, 경쟁하는 데 소비하며, 이는 다른 동물과 별로 다를 바가 없다. 어쩌면 인간 고유의 특성이라는 것은 인간에게 유일한 것이 아니라 인간이 좀 더 많이 가지고 있거나 조금 더 우수한 특징일지도 모른다.

그럼에도 우리가 인간의 특성에 주목하는 것은 그것이 최소 비용으로 인간 실체에 접근할 수 있는 지름길이기 때문이다. 다만 그것은 언제나 보정을 필요로 한다. 지름길이 반드시 좋은 길은 아니며 가성비가 좋다고 해서 효과와 성능이 최고는 아니기 때문이다.

그렇다면 인간에게 고유한 것으로 과연 어떤 것들이 있을까?

자장가

당신은 어릴 적 어머니나 할머니가 불러주던 자장가를 들으며 잠든 적이 있는가? 아마 기억하지 못할 것이다. 우리는 자신의 영유아기를 정확히 기억할 수 없다. 아기의 뇌는 아직 미숙한 상태여서 장기기억을 형성하고 저장할 능력이 없기 때문이다. 장기기억이 형성되는 나이는 이르면 대략 3.5세 정도라고 한다.

그러나 기억의 부재가 곧 사실의 부재는 아니다. 분명 자장가는 우리들 삶 속에 있다. 어릴 때는 누군가 불러주는 자장가의 낮고 고요한 리듬 속에서 잠이 들고, 성장해서는 또 누군가에게 자장가를 불러주는 존재가 된다.

같은 영장목에 속하지만 원숭이나 유인원(침팬지·고릴라·오랑우탄)들은 새끼에게 자장가를 불러주지 않는다. 왜 이들에게는 자장가가 없을까? 단지 언어의 문제만은 아니다. 원숭이나 침팬지도 음성(신호)언어가 있고, 조련하기에 따라서는 몇 마디 사람의 단어를 읊조릴 수도 있다. 우리들 어머니의 자장가도 의미 없는 흥얼거림, 콧노래, 단음절의 단순한 반복인 경우가 많다.

아이가 매우 미성숙한 상태로 태어나서 상당 기간 부모의 양육이 필요한 것과 관련이 있다. 자장가가 아기를 안심시키고, 보채지 않는 아이가 잘 자고 건강하게 자라기 때문에 생긴 것이다. 말하자면 하나의 진화이자 적응으로 발달한 것이다.

포유동물의 임신 기간은 뇌의 크기에 많은 영향을 받는다. 사람의 뇌 크기를 생각해보면 인간의 임신 기간은 21개월 정도가 적당하다고 한다. 그러나 실제 임신 기간은 약 9개월 정도에 불과하다. 왜 그렇게 된 것일까? 인간은 뇌를 진화시키기 전에 먼저 직립보행을 했고 그에 따라 여성의 골반 모양이 사발형으로 바뀌고 산도가 좁아졌다. 그런 조건에서 21개월을 꼬박 채워 아이를 세상 밖으로 내보낸다면 산모도 위험하고 아이도 위험해진다. 결국 임신기간이 9개월 정도로 줄고, 아이는 뇌가 덜 자란 미숙아로 태어나는 것이다.

다른 영장류들은 태어날 때 뇌의 크기가 성체의 2분의 1 수준인 반면 사람은 성인 뇌의 4분의 1수준이다. 연구결과에 따르면 사람은 생후 1~2년 사이에 뇌 부피가 성인의 83%까지 급격히 성장하고, 이후 완만한 성장을 지속하다 13세가 되면 성인 크기와 비슷해진다고 한다.

태어나자마자 바로 걷고 활동을 시작하는 대부분의 포유동물과 달리 인간이 생후 1년 정도 지나야 겨우 일어서고 말을 하기 시작하는 것도 그 때문이다. 아이는 엄마 뱃속에서 9개월, 그리고 엄마의 자장가 속에서 12개월을 보내야 비로소 사람으로 탄생하는 것이다. 생후 1년이 되면 돌잔치를 하는 풍습이 있는데, 이때가 아이의 진정한 출생인 셈이다.

자존심

원숭이에게도 불평등에 대한 혐오나 공정에 대한 요구가 있다는 주장이 있다. 꼬리감는원숭이에게 오이를 보상으로 주고 돌멩이 하나를 가져오라고 하자 기꺼이 수행했다고 한다. 그러나 다른 원숭이에게 같은 과제를 주고 오이보다 맛있는 포도를 주자 이를 지켜본 원숭이의 태도가 달라졌다는 것이다. 오이를 받은 원숭이는 분노하며 더 이상 과제를 수행하지 않았고, 이는 보상이 불공정했기 때문이라는 것이다.

그러나 그에 대한 반론도 적지 않다. 원숭이는 자기와 타자에 대한 서로 다른 처우, 불공정성에 불만을 가진 것이 아니라 단지 오이보다 맛있는 포도를 달라고 요구한 것이라는 이야기다. 나와 그를 비교한 것이 아니라 오이와 포도를 비교한 것일 뿐이라는 것이다.

인간에게 불공정에 대한 감정적 혐오와 거부반응이 있다는 것을 보여주는 유명한 실험이 최후통첩 게임이다. 게임의 내용은 간단하다. 1번 참가자에게 10만 원을 주고 2번 참가자와 나누게 한다. 2번 참가자가 수용하면 그대로 나눠 가지고, 거절하면 둘 다 아무것도 가지지 못한다. 물론 2번 참가자는 1번 참가자가 10만 원을 받은 것을 알고 있다.

상식적으로는 1번 참가자가 99,000원을 갖고, 2번 참가자에게 1,000원을 주더라도 2번 참자가로서는 받는 게 이득이다. 그러나 현실은 1번 참가자는 3~5만 원 정도를 나눠주고, 2번 참가자도 그에 못 미치면 거절한다고 한다. 왜 그럴까? 불공평한 금액을 제안받은 실험자의 뇌를 촬영해 보니 혐오감정을 관장하는 뇌섬엽 부위가 활성화되었다고 한다. 자존심이 상하고 혐오감을 느꼈다는 말이다.

인간은 뺨과 목에 홍조를 띠는 유일한 동물이다. 부끄러움을 알고, 수치심을 느낀다. '치질과 자존심'은 인간을 나타내는 징표이자, 여전히 유효한 비유다. 많은 강력범죄가 실제로 단지 자존심이 상해서, 기분이 나빠서, 모욕감을 느껴서 발생한다.

그렇다면 남자와 여자 중에서는 누가 더 공평하게 나누려고 할까? 그렇다. 여성이다. 여성들이 공감능력과 공감지수가 더 높은 것이 이유다. 타인의 생각과 감정을 이해하고 이에 적절히 반응하는 능력이 더 뛰어난 것이다. 서너 살 아이들에게 돈을 어떻게 나눌 것인지 묻자 여자아이들이 공평하게 나눠야 한다고 답하는 경우가 더 많았다.

자살

모든 생물은 세포로 이루어져 있고, 에너지원을 필요로 하며, 대사 작용을 하고, 번식과 변이를 거쳐 진화한다. 생명체의 본성은 한마디로 생존과 번식이다. 개체가 그것을 의식하든 의식하지 못하든 마찬가지다.

자살은 그러한 생명체의 본성에 정면으로 역행하는 의식적 행위이다. 한때 서양의 지식인 사회에서 자살이 크게 회자된 것은 그것이 인간만의 유일한 특권이라는 인식에서 비롯된 것이다.

한때 레밍이 자살한다는 설도 있었다. 먹이가 부족할 때 공동체의 유지를 위해 나이든 레밍이 집단으로 자살한다는 것이다. 만화가 게리 라슨은 레밍 무리가 언덕에서 바다로 추락하는 모습을 한 컷의 만화로 형상화하기도 하였다. 자못 숙연하기까지 한 이야기지만 실상은 그와 다르다.

레밍은 임신 기간이 짧고 번식력이 뛰어나서 개체수가 빠른 속도로 늘어난다. 그만큼 먹이와 서식지를 찾아 이동하는 일이 잦고, 그 때문에 나그네쥐라는 별칭이 붙었다. 이들은 주로 집단을 이루어 직선적으로 이동하는 경향이 있는데, 그로 인해 간혹 대형사고가 발생하기도 한다. 줄지어 이동하는 와중에 앞선 개체가 길을 잘못 들어 물에 빠져 죽고 맹목적으로 그 뒤를 따르던 개체들도 함께 빠져 죽는 것이다.

자살이 인간 특유의 행동인 것은 부인할 수 없는 사실이다. 그 원인으로는 주로 고통스런 삶의 현실이 거론된다. 삶이 죽음보다 더 괴롭고 힘들 때 인간은 자살을 택한다. 그러나 자살이 철학이나 사회환경 탓이 아니라 소질(체질) 문제라고 보는 시각도 있다. 세로토닌과 같은 신경전달물질의 부족이 우울증을 초래하고 결국 자살에 이르게 하는 가장 중요한 요인이라는 것이다.

자살에 취약한 소질(유전자)을 가진 개체는 결국 도태되는 것이 진화의 법칙이다. 자손을 남기지 못하거나 그 자손도 자살할 가능성이 높기 때문이다. 그것은 마치 동성애 유전자를 가진 사람이 종족 번식에 실패할 개연성이 큰 것과 같다.

그럼에도 자살하는 사람이 끊이지 않는다. 자살을 단지 소질과 유전자 문제로만 볼 수 없는 이유다. 소질과 유전자라는 것도 따지고 보면 구체적 환경 속에서 발현(완화, 잠복, 폭주)되는 것이다. 물론 소질론자에 따르면 자살한 자는 유전자를 남기지 못해도 형제, 자매 등 혈연에 의한 간접적인 유전자 전파는 가능하고, 그것이 새로운 자살의 원인이라고 한다.

약속

인간의 삶은 약속과 그 이행의 연속이다. 우리는 오늘도 수많은 새로운 약속을 하고 또 과거의 약속을 지키며 산다. 회의, 상담, 일, 식사, 운동, 회식, 여행, 스포츠관람, 데이트 등등. 크게 보면 길을 건너는 것도, 차를 운전하는 것도, 법을 지키는 것도 모두 약속이다. '결심'이 내적 약속이라면 '맹세'는 강화된 약속이다.

약속은 이처럼 당연한 일상이지만 몇 가지 전제가 충족되어야 한다. 미래관념과 언어, 그리고 도덕률이 그것이다. 우리는 과거나 현재를 약속하지 않는다. 약속은 미래의 것이다. 시간의 흐름, 미래에 대한 관념이 있어야 한다. 약속은 또 상대와의 의사소통(언어)을 전제로 한다. 우리는 언제, 어디서 만나고, 무엇을 할 것인지를 미리 정한다. 더 중요한 것은 도덕률이다. 약속은 강제적이든 자율적이든 이행이 담보되어야 한다. 약속 위반은 잘못된 것이라는 생각과 지켜야 한다는 의지, 지켜지리라는 신뢰가 없다면 약속은 행해질 수 없다.

미래관념이 인간의 전유물은 아니다. 동물도 막연하지만 미래를 인식하고 대비한다. 흔히 목격되는 '저장행위'가 그것이다. 지금 바로 먹기 위해 저장할 이유는 없기 때문이다. 청솔모는 가을에 잣, 밤 같은 견과류를 땅속이나 나무 구멍, 바위틈에 넣었다가 겨울에 꺼내 먹는다. 까치들도 먹이를 감추거나 저장한다. 까마귀는 자기가 숨겨놓은 먹이뿐 아니라 다른 까마귀가 숨겨놓은 먹이도 기억해뒀다가 훔쳐 먹는다. 덤불어치(새)는 먹이를 숨기는 동안 다른 덤불어치가 지켜보면 먹이를 다시 숨긴다. 자기와 다른 타자의 존재를 인식할 뿐 아니라 타자가 무엇을 알고 있는지를 아는 것이다.

의사의 소통도 마찬가지다. 새소리를 유심히 들어보면 그것이 단지 의미 없는 지저귐이 아니라 하나의 분명한 신호요, 의사소통이라는 것을 알 수 있다. 세상에 어떤 동물도 아무런 가치가 없는 일에 그처럼 자신의 목청과 에너지를 사용하지는 않는다. 필시 가족을 부르거나 위험신호를 보내거나 침입자와 싸우거나 노래를 부르는 소리다.

그러나 동물이 주로 현재를 산다면 인간은 과거와 미래를 아울러 산다. 과거를 추억하고 미래를 계획한다. 동물의 의사소통이 인간처럼 구체적이고 정교하리라 상상하기는 어렵다. 옳고 그름에 대한 판단과 내면의 도덕성은 인간 고유의 자질이다. 이 모든 것을 다 가진 존재는 인간이고, 따라서 약속은 지극히 인간적인 것이다.

비친족적 협력

동물계에서 주로 나타나는 것은 친족간의 협력이다. 땅다람쥐는 포식자(독수리)가 나타나면 경고음을 내서 다른 개체들이 피하도록 돕는다. 경고음을 내는 것은 떠돌이 수컷이 아니라 새끼들과 무리를 이루고 사는 암컷이다. 말하자면 땅다람쥐 암컷은 포식자에게 노출될 위험을 무릅쓰고 심지어 목숨을 희생하면서까지 친족을 지키려는 것이다.

유전자의 관점에서 보면 중요한 것은 자신과 공통의 유전자를 얼마나 남기는가에 있다. 영국의 생물학자 윌리엄 해밀턴은 이를 'R(유전 연관도)×B(타 개체의 이득)−C(자신의 손해)>0'으로 간단히 규칙화했다. 이른바 '혈연선택모델'이다. 너무 골치 아프게 생각할 필요가 없다. 나와 유전자의 50%를 공유하는 형제 3명을 살리기 위해서는 내가 죽을 수도 있다는 것이다. 왜냐고? 50×3−100>0이니까. 참고로 형제 간의 유전적 근연도는 약 50%다. 평균적으로 50%의 유전자를 공유한다는 의미다.

비친족적 협력 행동의 예로는 흡혈박쥐가 거론된다. 흡혈박쥐는 피를 먹지 못하면 며칠 만에 죽는데, 피를 먹은 개체가 먹지 못한 개체에게 피를 토해 나눠준다. 물론 다음번에는 도움을 받은 개체가 도움을 준 개체에게 다시 피를 나눠준다. 흡혈박쥐의 협력 행동은 상대방의 보상을 전제로 하는 것이며, 그것을 가능하게 하는 것은 '기억능력'이다. 기억과 배척의 원리가 작동함으로써 무임승차자와 사기꾼이 발을 붙이지 못하는 것이다.

어쩌면 생존의 절박함이 그와 같은 협력을 강제한 것인지도 모른다. 대열을 지어 먼 거리를 이동하는 철새(기러기)는 힘든 선두자리를 서로 교대하며, 혹한의 남극에서 펭귄이 생존할 수 있는 이유는 두꺼운 피하지방과 바깥쪽 펭귄이 안으로 이동하고 안쪽의 펭귄이 바깥쪽으로 교대하는 공평한 바람막이, 고통 분담이다.

보상이 없는 협력 행동, 대가를 바라지 않는 선행은 인간이 거의 유일하다. 인간은 보상을 바라고 헌혈하지 않는다. 그러나 그것이 진정 보상이나 대가가 없는 것일까? 선행은 그 자체로 보람과 기쁨이라는 보상을 안긴다. 남을 도우면 우리 뇌의 쾌락중추(측좌핵)가 활성화된다.

인류는 한편으론 협력하고 한편으론 경쟁하도록 진화했다. 포식자에 대항하고 먹이를 얻기 위해서는 협력 행동이 필수적이었고, 생존과 번식에 유리한 고지를 차지하기 위해서는 지위 경쟁을 해야 했다. 인간은 집단을 이루려는 본능과 함께 집단 속에서 우월적 지위를 차지하려는 본능이 있다.

어떻게 이타적 행동이 진화할 수 있는가 의문을 가진 사람도 있지만 그것이 생존과 번식에 유리했던 까닭에 우리 유전자에 아로새겨진 것이다. 이타적인 것이 곧 이기적인 것이다.

인간적인 것들 2

대뇌

동물의 경우 출산 과정에서 어미가 죽는 경우는 흔치 않다. 그러나 인간은 어미의 좁은 산도와 아이의 큰 뇌로 인해 어미와 아기 모두 심각한 생명의 위협을 받는다. 인간의 출산이 타인(조산사, 가족, 의사 등)의 도움을 필요로 하는 '사회적 출산'일 수밖에 없는 이유다. 생일을 '귀빠진 날'이라 부르는 것도 머리(뇌)가 빠져나오는 것이 출산의 최대 관건이기 때문이다. 머리와 어깨가 통과되면 나머지 신체 부위는 쉽게 자궁 밖으로 나온다.

사람의 뇌는 다른 동물에 비해 크다. 인간과 유전자구조가 가장 비슷한 침팬지의 뇌가 대략 450cc 정도인데 현생 인류의 뇌 용적은 1,450cc쯤 된다. 물론 인간의 뇌가 처음부터 그렇게 컸던 것은 아니다. 인류의 먼 조상인 오스트랄로피테쿠스의 뇌는 침팬지의 뇌와 엇비슷했다. 인류의 뇌 발달이 본격화된 것은 수십만 년 전부터이고, 주로 대뇌 부분이 발달했다.

사람의 뇌가 발달한 것은 생존과 번식을 위한 남다른 적응이다. 날카로운 발톱도 이빨도 완력도 가지지 못한 인간은 집단을 이루고 뇌를 발달시키는 방식으로 생존하고 적응했다.

뇌의 발달에는 도구의 사용과 같은 인간의 다른 특성도 영향을 미쳤지만 가장 큰 뇌 진화의 원동력은 집단성, 관계의 복잡성이다. 집단의 규모와 복잡성, 그리고 대뇌 신피질(언어, 사고, 기억과 같은 고차원의 의식적인 사고를 담당)의 크기 사이에는 밀접한 연관이 있다. 원숭이, 유인원 같이 무리생활을 하는 영장류의 뇌가 다른 포유동물에 비해서 큰 것도 그 때문이다.

그럼에도 인간의 뇌가 다른 영장류보다 3배쯤 큰 것은 무엇 때문인가? 영장류에 비해 집단의 규모가 더 크고 복잡하기 때문이지만 인간 특유의 또 다른 생존방식이 영향을 미쳤을 가능성도 무시할 수 없다. 일부일처제의 전통 같은 것 말이다. 인간이 전형적인 의미의 일부일처제를 이루어왔는지는 의문이나 인간이 배우자의 선택, 부부관계의 유지·형성에 엄청난 인지적 에너지, 즉 뇌를 사용하는 것은 분명한 사실이다.

생각해보면 우리는 인생의 가장 많은 시간을 배우자와 함께 보내고, 상대의 감정과 표정을 살피며, 갈등하고 화해하면서 부부관계를 유지·존속한다. 말하자면 사회관계와 부부관계 양 측면의 복잡성이 큰 뇌의 동인이라 할 수 있다.

약한 일부일처제

동물계에서 수컷과 암컷의 체격 차이는 흔히 목격된다. 사자, 들소, 사슴을 보라. 주로 수컷의 체격이 더 큰데 이는 암컷을 차지하기 위한 수컷들의 치열한 경쟁, 이른바 성내 선택의 결과다. 다른 말로 하면 일부다처제의 산물이다.

일부일처제를 이루는 긴팔원숭이는 암수의 체격 차이가 없다. 반면 일부다처제인 침팬지, 보노보, 고릴라는 수컷의 몸무게가 암컷의 2배가량 된다. 수십 마리의 암컷을 거느리는 남방코끼리물범은 수컷의 몸무게가 암컷의 최대 10배(3ton vs 300kg)에 이르기도 한다.

동물계에서 일부다처가 흔하고 일처다부가 희소한 것은 암수의 번식력 차이 때문이다. 수컷은 암컷의 수에 따라 얼마든지 다수의 자식

(유전자)을 번식할 수 있으나 암컷은 수컷이 아무리 많아도 일정 기간 하나 또는 몇몇의 자식(유전자)만을 번식할 수 있다. 쇼펜하우어는 남자의 바람기와 여자의 바람기를 구별했는데 이 또한 남녀의 번식력 차이를 근거로 한 것이다.

전체 포유류의 2~5% 정도만이 일부일처의 습성을 가지고 있다고 한다. 사람, 긴팔원숭이, 개, 늑대, 여우, 아프리카산 작은 영양 등이다. 새들은 짝짓기 계절에는 약 90%가 일부일처를 이룬다는데, 지속적으로 일부일처를 고수하는 종은 올빼미, 앵무새, 까마귀 등 맹금류와 백조, 거위, 펭귄 등이다.

일부일처제의 동인은 부양과 협력이다. 사람을 예로 들면 미숙아를 출산하여 양육하고 독립시키기까지 오랜 세월이 걸리기 때문에 부부의 협력이 필수적인 것이다. 최근에는 옥시토신이나 바소프레신 같은 호르몬이나 유전자 문제라고 보는 견해도 등장했다. 옥시토신(바소프레신) 수치가 높은 사람, 바람기 유전자(대립유전자 334)가 없는 사람이 일부일처제에 충실하다는 것이다.

다시 인간으로 돌아가 보자. 남자는 여자보다 평균 20% 정도 체중이 무겁고, 신장도 7~8%가량 크다. 뇌세포 수도 약 40억 개 정도 더 많아서 남자의 뇌가 여성의 뇌보다 조금 더 크고 무겁다. 성내 선택의 관점에서 보면 전형적인 일부일처제라고 보기 어렵고, 오히려 약한 의미의 일부일처제에 가깝다. 약한 의미의 일부일처제란 대다수가 일부일처제를 이루지만 일부 남성(특권층)이 여러 아내를 두는 가족제도 또는 표면적으로는 일부일처제를 표방하지만 이면에서는 일부다처제가 작동하는 가족제도다. 지금도 아프리카 일부와 이슬람 국가 등에서는 일부다처제가 유지되고 있다. 인류는 약 700만 년의 독립적 진화과정을 거치며 점차 일부다처제에서 일부일처제로 이동하였고, 약한 일부일처제를 형성하고 살았다고 볼 수 있다.

호모에로티쿠스

인간은 영장류 중에서 가장 큰 뇌를 가졌을 뿐 아니라 생식기도 가장 크다.

고릴라 수컷의 생식기는 발기했을 때를 기준으로 평균 3~4㎝이고, 침팬지는 그보다 조금 크다. 사람은 인종에 따른 차이가 있지만 평균 13.5cm 정도 된다고 한다.

사람의 생식기가 큰 이유를 유전자전쟁의 결과로 보는 견해가 있다. 유전자를 퍼뜨리기 위한 치열한 경쟁 속에서 생식기가 커졌다는 것이다. '정자를 질 속 깊이 투입하기 위하여' 또는 '다른 수컷의 정자를 뽑아내기 위해서'라는 설명이 그것이다. 후자(석션 피스톤 가설)에 따르면 인간의 페니스가 길고 두꺼운 이유, 버섯 모양의 귀두가 존재하는 이유는 그 때문이다.

그러나 모든 생물은 유전자전쟁을 하며 유독 인간의 성기가 큰 이유를 설명하지는 못한다. 어쩌면 인간의 다른 성적 특징, 즉 성교하는 시간이 길고, 유희로서의 섹스를 즐기며, 오르가슴을 느끼는 것 등이 영향을 미쳤는지 모른다.

침팬지, 고릴라, 오랑우탄의 짝짓기는 대부분 몇 초에서 몇 분 사이에 끝난다. 그러나 인간은 그보다 훨씬 긴 시간 섹스를 하고 피스톤 운동도 더 많이 한다. '포식자에게 위협받을 염려가 사라졌기 때문'이다. 섹스는 쾌감을 주지만 한편으로 상당한 기회비용과 위험이 따르는 행위다. 사냥할 시간이 줄고, 많은 에너지가 소모되며, 포식자와 경쟁자에 무방비로 노출된다. 다른 영장류의 교미시간이 짧은 것도 그와 같은 위험과 기회비용 때문이다. 그러나 인간은 배란(발정)징표를 드러내지 않고, 성행위를 감추며, 교미에 따른 위험을 차단한다.

인간도 처음에는 다른 동물과 같이 수컷이 암컷 뒤에 올라타는 통상적인 성행위를 하였다. 그러다가 일부일처제가 자리 잡으면서 점차 배를 맞대는 성행위가 일반화되었는데 이를 '개인화한 성교'라고 칭한다. 배를 맞대면 성애의 상대방이 누군지 쉽게 알 수 있고, 상대의 표정과 감정을 읽는 데도 유리하다.

인간의 섹스가 번식목적으로만 행해지는 것은 아니다. 오히려 유희로서의 섹스가 훨씬 빈번하다. 번식이 불가능한 임신 중이거나 폐경 이후에도 성관계를 하는 것이 인간이다. 인간에게 다양한 체위의 성행위와 오르가슴이 발달한 것도 유희로서의 섹스와 관련이 깊다. 피임약의 발명은 유희와 생식(번식)을 본격적으로 분리시키는 계기가 되었다. 영장류 학자의 보고에 따르면 보노보들도 온갖 체위로 성행위를 하며, 친교를 위한 동성끼리의 생식기 맞비비기도 흔하다고 한다.

여성의 오르가슴이 남성보다 늦는 것, 다시 말해 남자의 방사가 빠른 것은 주로 수태(번식)와 관련된 것이다. 오르가슴은 질과 자궁의 수축으로 정액을 흡인하는 작용을 하는데, 여성의 오르가슴이 남자보다 빠르면 흡인할 것이 없고, 오히려 먼저 분비된 산성의 점액질 때문에 뒤에 분비된 정자가 죽을 수도 있다는 것이다.

우리는 그 누구보다 짝짓기 본능이 큰 존재들이다. 번식에 소홀했던 존재는 후손을 남기지 못하고 사라졌다. 번식에 적극적인 유전자가 살아남고 퍼지면서 짝짓기는 강력한 본능이 되었고, 우리는 그와 같은 진화의 후손이다. 인간은 무엇보다 섹스의 동물이다. 짝짓기 시기가 아닌데도 엉덩이가 부풀어 있는 유일한 영장류가 사람(여성)이다.

전쟁

동물 세계에서 개체들의 싸움은 흔하다. 침팬지와 고릴라는 암컷을 차지하기 위해서, 높은 서열을 차지하기 위해서, 먹이나 영역을 확보하기 위해서 서로 싸운다. 그러나 같은 종끼리의 싸움은 보통 살육이 아니라 복종으로 끝난다. 상대가 항복의 표시로 등을 돌리거나 시선을 피하거나 자세를 낮추거나 엉덩이를 내밀면 싸움이 끝난다. 파괴하는 것이 아니라 패배시키는 것, 복종시키는 것이 목적이다. 독사도 자기들끼리는 독니를 사용하지 않는다고 한다.

살육행위도 종종 발생하지만 그것은 생존과 번식을 위해서, 주로 개체 수준에서 일어난다. 암컷을 차지한 사자가 다른 수컷의 새끼들을 물어 죽이는 것은 번식 때문이고, 가젤을 공격하는 것은 먹이와 생존을 위한 것이다. 포식성과 공격성은 다르다. 고양이가 쥐를 사냥하는 것과 다른 고양이나 개를 공격하는 것은 이유와 동기가 다른 것이다. 코뿔소, 물소, (야생)황소, 코끼리는 초식동물이지만 다른 동물을 죽이기도 한다.

약 200만 년 전 침팬지와 갈라진 보노보는 같은 종 사이의 전쟁을 종식시킨 유일한 영장류로 알려져 있다. 그들은 친화력이 좋고, 유대와 결속을 위해 수시로 섹스를 이용하며, 동성애 경향이 강하다. 그들이 평화의 영장류로 자리 잡게 된 이유로는 우선 서식지(아프리카 콩고강 남쪽 유역)의 풍부한 자연자원을 꼽지만, 암컷이 무리는 이끄는 것도 중요한 요인이다. 보노보와 달리 침팬지와 고릴라는 수컷이 무리를 이끌고, 공격성이 강하다.

복수나 살육 그 자체를 위한 싸움, 이념과 종교 같은 형이상학적인 이유로 발생하는 전쟁은 인간에게 특유한 것이다. 인간의 전쟁은 진영을 나누어 대규모로 진행되며, 전쟁이 이처럼 개체성을 상실함으로써 개별적인 피해나 복종의 신호를 읽을 수 없게 되고, 더욱 격렬하고 지속적인 공격을 주고받게 되었다.

최근에는 인도의 야생 원숭이들이 강아지들을 죽인다는 뉴스가 있었다. 새끼 원숭이들이 마을의 개에게 물려 죽자 그 보복으로 강아지를 납치해 높은 곳에서 떨어뜨려 죽인다는 것이다. 진위가 정확히 밝혀진 것은 아니지만 만약 그것이 사실이라면 원숭이 또한 기억하고 보복한다는 것을 알 수 있다. 어쩌면 인간 주변에서 인간을 보고 배우며 점차 인간의 전쟁을 닮아가는 것인지 모른다.

이족보행

사람만 두 발로 걷는 것은 아니다. 원숭이, 침팬지, 고릴라 같은 영장류도 두 발로 서거나 걸을 수 있다. 곰, 캥거루, 미어캣 같은 포유류도 직립보행이 가능하고 타조, 펭귄, 그 밖의 수많은 조류도 이족보행을 한다.

그러나 이들 영장류나 포유류는 사지보행이 기본이고, 이족보행은 예외적이다. 앞발이 날개로 진화한 수많은 조류들은 비행하는 것이 주된 특성이다. 사지를 가졌으되 두 발로 서서 걷는 것이 특징이자 일상인 동물은 인간이 유일하다.

지금으로부터 150~200만 년 전 호모에렉투스를 직립보행의 시초로 보는 것은 이름 때문에 생긴 오해다. 현재까지 확인된 바에 의하면 그보다 100만 년 이상 이전인 약 318만 년 전 오스트랄로피테쿠스 아파렌시스, 일명 루시가 이족보행의 시초다. 키 1m 정도의 여성으로 추정되는 루시의 유골이 1974년 에티오피아에서 발견되었는데, 루시는 골반뼈가 짧고 대퇴골(넙다리뼈)이 몸 가운데 쪽으로 비틀어져 있어서 직립보행이 가능했음을 보여준다. 그 2년 후에는 탄자니아에서 오스트랄로피테쿠스가 남긴 두 개의 발자국 화석이 발견되기도 하였다.

인간을 인간이게 하는 특징을 단 하나만 고르라면 아무래도 이족보행일 것이다. 이족보행으로 비로소 손이 자유로워지고 시야가 트이고 도구를 사용하고 뇌가 발달하게 되었다. 사람다운 존재가 된 것이다. 인간의 의복, 문화의 발달이 이와 같은 직립으로부터 비롯되었다는 주장도 흥미롭다. 네 발 동물과 달리 인간은 직립 자세 때문에 성기를 드러내 보이지 않고는 돌아다닐 수도, 다른 무리에 접근할 수도 없었고, 따라서 성기 부위를 가리는 간단한 조치(잎사귀, 가죽)로부터 의복과 문화가 시작되었다는 것이다.

직립의 대가는 결코 적지 않았다. 다른 동물들은 겪지 않는 고혈압, 척추질환, 요통, 하지정맥류, 치질, 탈장, 출산의 고통 등이 그것이다. 그렇다면 인간은 왜 그 많은 반대급부와 부작용을 감수하면서 사지보행을 포기하고 직립을 시도하게 되었을까? 여러 가설이 등장하는데, 대부분 직립보행으로 두 손이 자유로워지고, 키높이가 올라가고, 시야가 넓어진다는 데 착안한 것이다.

'앞발(손)로 도구를 사용하기 위해서'
'표면적을 줄여서 강한 햇볕을 피하기 위해서'
'높은 시야로 포식자를 경계하기 위해서'
'앞발(손)로 과일을 따기 위해서'
'앞발(손)로 채집한 식량을 옮기기 위해서'
'빨리 또는 멀리 걷거나 달리기 위해서'

언어, 도구, 불

언어, 도구, 불의 사용도 인간의 독자성을 논할 때 빠지지 않고 거론되는 것들이다. 인간 진화의 역사에서 무엇보다 중요한 사건들이고, 오늘의 인간을 만드는 데 결정적인 역할을 한 목록이다.

언어, 도구, 불의 사용이 언제부터 시작된 것인지, 그들의 선후 관계가 어떤지에 대해서는 명확히 밝혀진 것이 없다. 대체로 인간이 독립적인 진화과정을 거친 수백만 년 전부터 수십만 년 전 사이에 이루어진 일이고, 언어, 도구(호모하빌리스), 불(호모에렉투스)의 순서로 발생한 것으로 보고 있다.

의사소통 수단으로서의 언어는 몸짓언어, 음성언어, 문자언어로 나눌 수 있다. 그 중 몸짓언어와 음성(지시, 신호)언어는 인간에게 특유한 것은 아니다. 새들은 지저귀고, 땅다람쥐는 경고음을 내며, 돌고래는 고주파와 저주파의 복잡한 음성신호를 발사한다. 버빗원숭이는 포식자에 따라 서로 다른 단어(신호)를 사용한다. 표범을 뜻하는 음성신호가 들리면 모두 나무 위로 올라가고, 독수리를 나타내는 음성신호가 들리면 일시에 나무 둥치로 내려간다. 침팬지는 '엄마', '아빠'와 같은 사람의 단어를 이해하고, 앵무새는 사람의 말을 흉내 내며, 개들은 '산책!'소리를 들으면 먼저 문 앞으로 달려간다.

인간의 눈은 또 하나의 언어다. 인간은 공막이 하얗고 동공과 뚜렷이 구별되는 유일한 동물이다. 동공의 방향, 움직임, 크기만으로 의사를 표현할 수 있다. 선글라스를 쓰면 사람 표정을 잘 알 수 없는 것도 그 때문이다. 선글라스는 자외선을 차단하지만 한편으로 감정과 관심, 시선을 감춘다. 털이 없는 인간은 다양한 얼굴 표정으로 자신의 감정과 의사를 드러내며, 눈짓과 손짓만으로도 능히 소통한다.

오로지 인간에게 특유한 것은 문자언어다. 기록, 보존, 전달이 가능한 문자언어를 사용하는 것은 인간이 유일하고 그리하여 인간은 시간과 공간의 한계를 초월하여 지식과 경험을 전달하고 계승할 수 있게 되었다. 뉴턴의 말대로 거인의 어깨 위에 올라설 수 있게 된 것이다. 현존 언어는 약 7,000개 정도로 추정되고 그 중 550여 개의 언어는 그 사용자가 수백 명에 미치지 못한다.

도구의 사용도 인간에게 고유한 것은 아니다. 이집트 독수리들은 돌을 떨어뜨려 딱딱한 타조 알을 깨고 내용물을 먹는다. 그러나 적극적으로 도구를 만드는 존재는 인간을 제외하면 생각하기 어렵다. 인간은 최초 나무와 돌, 짐승의 가죽 등 자연물을 이용해 돌칼과 돌도끼를 만들어 사용하기 시작했고, 급기야 오늘날 컴퓨터와 인공지능, 우주선 시대를 열었다.

불의 이용도 마찬가지다. 호주의 독수리 종은 불씨를 떨어뜨려 초지를 태우고 불에 탄 먹이를 얻는다. 인간도 처음에는 자연적으로 발생한 불(화산, 번개)을 잠깐 이용하는 것에 불과했다. 그러다 나무 막대를 비비거나 돌을 부딪쳐서 스스로 불을 만들고 사용하기 시작했다. 불을 창조하고 능동적으로 사용하게 되면서 인류는 추위를 극복하고, 포식자로부터 스스로를 지킬 수 있었으며, 음식을 익혀 먹을 수 있게 되었다. 흙을 구워 그릇을 만들고, 금속을 제련하여 청동기, 철기를 사용하게 되었으며, 수증기를 이용해 증기기관차를 만들었다.

고기를 불로 익히면 병원균을 없앨 수 있고, 풍미가 좋아지며, 사냥감의 체온을 그대로 느낄 수 있다. 무엇보다 약한 이빨을 가진 인간이 뜯어먹기가 좋다. 크고 날카롭던 사람의 송곳니가 퇴화한 이유다. 같은 재료에서 더 많은 에너지를 얻고, 더 쉽게 소화할 수 있었으며, 소화에 사용하던 에너지를 다른 중요한 곳(뇌)으로 돌릴 수 있었다.

그 밖에도 인간에게 고유한 것들은 많다. 비만, 키스, 자아, 웃음, 희망, 기도, 금식, 문화, 종교, 예술, 그리고 타인의 마음을 헤아리고 이를 이용하는 능력 등등. 물론 진화생물학자나 영장류 연구자들에 따르면 이들 리스트 중 몇 개는 다른 동물들과 공유하는 것들이다. 그러나 그들도 부인하지 못하는 인간의 마지막 특질이 하나 있다. 바로 오로지 인간만이 진화의 비밀을 이해할 수 있고, 오랜 진화과정의 (선택)압력과 본능에 역행할 수 있는 유일한 동물이라는 사실이다.

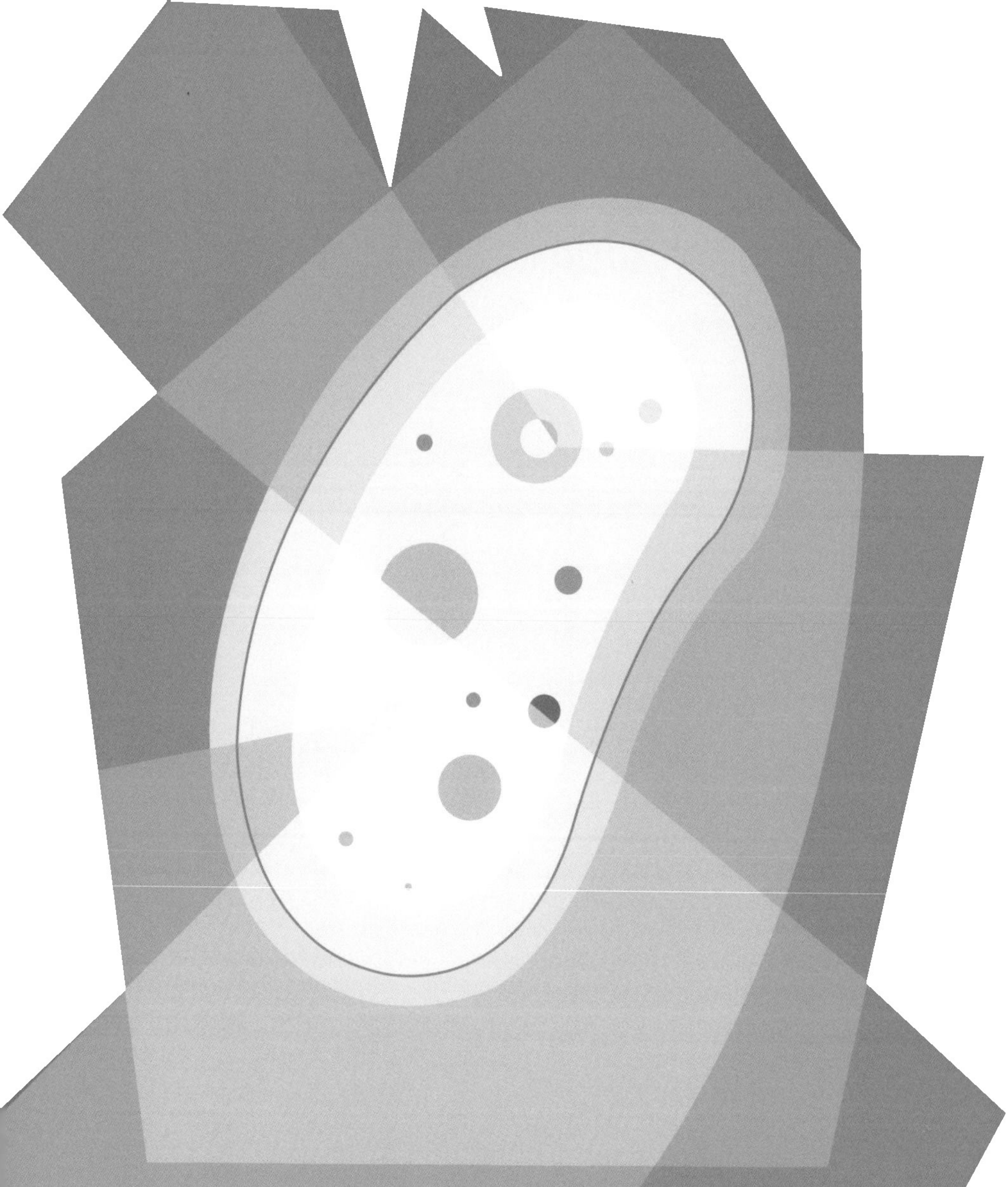

진화의 흔적

사실과 당위

인간의 특성을 이야기하면서 여러 동물과 대비하는 것이 불편한 사람도 있을 것이다. 그러나 인간이 동물인 것은 자명한 사실이고, 그것은 하등 이상할 것도, 자존심 상할 일도 아니다. 오히려 단세포생물에서 진화한 인간이 오늘의 존재에 이른 것이야말로 한없이 경이롭고 감탄할 일이 아닐 수 없다.

사실과 당위는 다르다. '인간은 동물'이라고 말하는 것이 곧 '인간은 동물이어야 한다'는 뜻은 아니다. 전자가 사실의 영역이라면 후자는 당위와 가치의 영역이다. 사실문제와 가치판단을 혼동하고, 자연적 사실로부터 바로 가치를 도출하려는 시도를 '자연론적 오류' 또는 '자연주의적 오류'라 부른다.

표준국어대사전에 따르면 동물의 정의는 다음과 같다.

> 생물계의 두 갈래 가운데 하나. 현재 100~120만 종이 알려져 있고, 그 가운데 약 80%는 곤충이 차지한다. 원생동물부터 척추동물까지 23개 문으로 분류된다. 주로 유기물을 영양분으로 섭취하며, 운동, 감각, 신경 따위의 기능이 발달하였다. 소화, 배설, 호흡, 순환, 생식 따위의 기관이 분화되어 있다.

위 정의 중에서 그 어느 것도 인간과 어긋나는 점은 없다. 말할 것도 없이 인간은 누구나 태어나고 늙고 병들고 죽는다. 먹고, 마시고, 숨 쉬고, 싸고, 느끼고, 생각하고, 행동한다. 하나의 생명체이고, 움직이고 이동하는 존재다.

칼 폰 린네의 분류기준에 따르면 인간은 '사람종–사람속–사람과–영장목–포유강–척삭동물문–동물계'에 속한다. '종'이란 상호교배가 가능한 개체집단의 최대단위다. 교배하여 새끼(알)를 낳고 그 새끼가 생식능력이 있는 것이 같은 종이다. 개와 회색늑대는 같은 종이고, 인간은 백인, 흑인, 황인종 불문하고 같은 종이다. 호모사피엔스와 네안데르탈인도 교배 가능한 종이라고 보는 게 정설이다. 네안데르탈인의 DNA를 분석한 결과 현대 인류(호모사피엔스)에게 최대 4%의 유전자를 제공했음이 밝혀졌고, 이는 호모사피엔스와 네안데르탈인 간에 짝짓기와 번식이 있었음을 말해준다.

'종'보다 계통발생 순서가 빠른 상위 분류단위가 '속'이고, '속'의 상위 분류단위가 '과', '과'의 상위 분류단위가 '목'이다. 교배하여 새끼(알)를 낳을 수 있으나 그 새끼가 생식능력이 없다면 '속'이다. 닭과 꿩, 말과 당나귀는 같은 속, 다른 종이다. 호모사피엔스에서 호모는 '속'이고, 사피엔스는 '종'을 가르킨다.

사람'속'에는 인간과 침팬지(보노보)가 포함되고, 사람'과'는 침팬지, 고릴라, 오랑우탄 같은 대형유인원들을 말하며, 여기에 원숭이, 여우원숭이가 더해진 것이 영장목이다. 포유강의 특징은 털이 있고 알 대신 새끼를 낳으며 젖을 먹여 키운다는 점이다. 척삭은 척수 아래로 뻗은 연골 모양의 물질로 척추의 기초가 되는 것을 말한다.

닭살

닭, 타조, 오리, 펭귄은 모두 조류다. 이들은 날지 못하지만 날개가 있다. 이른바 흔적기관이다. 과거에는 적응적 속성이었으나 현재는 쓸모없거나 다른 용도로 쓰이는 몸의 기관을 말한다.

인간은 오랜 진화의 산물이다. 인간의 몸에는 진화의 흔적이 곳곳에 남아있다. 인간이 털복숭이 영장류에서 진화해 왔다는 것을 우리는 몸에 돋는 닭살로 알 수 있다. 우리는 공포를 느끼거나 분노할 때 닭살이 돋는다. 그곳은 본래 털이 있던 자리다. 털복숭이 영장류는 두려움을 느끼거나 공격성을 드러낼 때 털세움근을 수축해서 털을 꼿꼿이 세웠다. 그렇게 해서 몸집을 키우고, 피부를 노출시켜 체온이 급격히 상승하는 것을 막았다.

6개월쯤 된 태아의 배냇솜털도 인간이 털복숭이 영장류에서 진화했다는 것을 말해준다. 배냇솜털은 출생 전후로 대부분 빠지는데 때로는 아이가 털투성이인 채 태어나는 격세유전도 발견된다. 인간이 강아지나 고양이 같이 털이 있는 동물을 좋아하는 것도 같은 이유다. 원숭이는 사교와 우호의 의미로 서로 '털고르기'를 하고, 인간은 고양이나 개의 털을 쓰다듬고 긁어준다.

인류의 조상은 숲(정글)에서 살다 초원(사바나)으로 이동했다. 초원의 더위에 적응하고 불을 사용하고 의복을 착용하게 되면서 털은 점차 사라졌다. 인간의 털이 사라진 이유에 대해서는 여러 가지 설명이 있다. 기생충에 대한 적응이라고 보는 설, 불을 발견(사용)했기 때문이라는 설, 숲을 떠나 상당 기간 물속에서 살았기 때문이라는 설(어류는 털이 없다), 초원의 더위 때문이라는 설, 사냥으로 인한 체온을 내리기 위해서라는 설 등이 그것이다.

숲에서 초원으로 이동함에 따라 인간은 과일이나 초목을 주식으로 하는 초식동물에서 육식동물(잡식동물)로 바뀌고, 이중의 마음과 인격(초식동물과 육식동물)을 가지게 되었다. 먹는 것은 피와 살이 되고 그 자신이자 정체성이 된다.

숲속 생활이 인간에게 준 선물로 세 가지가 꼽힌다. 마주 보게 돌아간 엄지손가락, 적색· 녹색· 청색의 3색 원추세포, 그리고 앞으로 향한 두 눈(입체시)이다.

사람의 망막에는 빨강, 초록, 파랑(3원색)의 가시광선을 인식하는 세 종류의 원추세포가 있다. 그러나 개나 고양이 등 대부분의 포유류는 원추세포가 2개다. 공룡 같은 (거대) 파충류가 지배하던 시대에 포유류는 야행성이었고, 작고 보잘것없었으며, 이원색 시스템으로 충분했다. 영장류 시대에 이르러 숲속 생활을 하고 열매를 따먹게 되면서 녹색 식물과 열매를 구분해야 했고, 삼원색 시스템으로 진화했다.

소, 양, 사슴 같은 초식동물의 눈은 사주경계를 위해 얼굴 양옆으로 벌어져 있다. 반면 사자, 호랑이, 곰 같은 육식동물의 눈은 앞으로 몰려있는데, 그 때문에 거리 감각(입체시)이 좋고 사냥에 능숙하다. 영장류 또한 나무를 잘 움켜쥐고 그 사이를 자유자재로 이동하기 위해서 입체시와 돌아간 엄지손가락이 필요했다. 입체시의 효용을 확인하는 가장 간단한 방법은 한눈을 감고 사물을 보거나 걸어보는 것이다.

고소공포증도 인류의 조상이 나무 위에서 살던 시기에 획득된 형질이라고 한다. 겁 없는 영장류보다는 높은 곳의 위험을 잘 인지하고 회피한 영장류가 살아남았다는 것이다. 흔히 용감한 자가 살아남는다고 생각하지만 사실은 적당히 겁이 있고 신중한 자가 살아남는다. 동물들의 싸움을 보면 아무리 강한 자라도 무턱대고 상대에게 돌진하는 동물은 없다. 전진과 후퇴를 반복하고 빙빙 돌면서 끊임없이 싸울 것인지 회피할 것인지 탐색한다. 중생대 최강의 포식자였던 공룡도 갑옷 같은 단단한 피부로 자기 몸을 감싸고 보호하였다.

사람에게 남은 꼬리뼈(척추뼈 몇 개가 삼각형으로 뭉쳐서 골반 밑에 매달려 있다)도 우리가 꼬리 달린 원숭이 조상에서 진화했다는 것을 말해준다. 원숭이와 달리 침팬지, 고릴라 같은 유인원들과 사람은 지금 꼬리가 사라졌다. 인간의 꼬리가 퇴화한 이유는 나무 위 생활의 마감과 관련이 있고(꼬리로 나뭇가지를 붙들고 몸을 지지하는 것을 상상해보라), 진화의 결과 불필요한 꼬리를 퇴화시키는 유전자가 작동하기 때문이다.

달고 기름진 음식

진화의 흔적이 몸에만 남아있는 것은 아니다. 우리의 기호, 입맛에도 오랜 진화의 역사가 남아있다. 이를테면 기름지고 단 음식에 대한 선호 같은 것이다. 단맛을 좋아하는 것은 인류가 숲에서 초식동물로 생활할 때 생긴 것이고, 기름진 고기를 좋아하는 것은 초원에서 육식동물로 생활할 때 얻은 것이다.

수렵·채집시대는 내일을 기약하기 어려운 시대다. 날씨가 나쁘거나 사냥(채집)에 실패하면 며칠씩 굶어야 했고 마땅한 저장수단도 없었다. 생존을 위해서는 있을 때 양껏 먹고 여분의 영양분을 몸속에 저장해두는 것이 필요했다. 주로 지방을 저장하게 되는데 이는 지방이 탄수화물이나 단백질에 비해 칼로리가 높고 분해가 쉽기 때문이다.

지방의 저장장소는 1차적으로 피부 아래 피하지방층이고, 그 다음에 남자는 복부, 여자는 엉덩이와 허벅지 부분이다. 잉태 가능성이 없는 폐경기 여성은 남자와 같이 복부에 지방이 쌓인다. 지방의 소모 순서도 그와 같아서 얼굴과 팔다리의 피하지방이 먼저 빠지고 복부, 엉덩이 지방이 가장 나중에 빠진다.

지금은 여분의 칼로리를 저장할 필요가 없는 시대다. 돈만 있으면 언제 어디서든 각종 음식과 영양소를 쉽게 구할 수 있다. 그럼에도 우리는 관성적으로 달고 기름진 음식을 찾으며, 직업 운동선수에게나 적합한 고칼로리 음식을 섭취한다. 스트레스를 받거나 정신적으로 긴장하면 습관적으로 음식을 먹는다. 가장 흔한 전이 활동(긴장을 풀기 위해 사소하고 엉뚱한 행동을 하는 것)이 먹는 것이고, 그 결과는 비만, 충치, 심장병, 당뇨, 근시, 피부병, 고혈압, 탈모 등 갖가지 질병이다. 본래의 진화환경에서는 적응이었으나 변화한 환경에서는 오히려 병리적 결과를 초래하는 것이다.

수백만 년의 진화과정에서 축적된 본능을 단번에 벗어던질 수는 없다. 세상은 바뀌었지만 우리는 여전히 '양복 입은 원숭이'를 벗어나지 못하고 있는 것이다. 오래된 본능은 수백만 년 동안 존재해왔고, 새로운 본능은 불과 수천 년 전에 획득했을 뿐이다. 야만의 마음은 길고, 문명의 마음은 짧다.

손실 회피 편향

인간의 행동과 심리를 진화의 관점에서 바라보는 것이 진화심리학이다. 인간의 오랜 진화과정은 인간의 심리에도 깊은 영향을 미쳤다. 진화심리학자들은 우리 인간이 백지상태로 태어나는 것이 아니라 '색칠 공부책'과 같은 상태로 태어난다고 생각한다. 조금씩 다르게 채색할 수 있지만 적어도 윤곽선과 밑그림이 그려져 있다는 것이다.

너무 당연한 이야기여서 그것이 편향인지도 모르는 몇 가지 편향을 생각해보자. 만약 당신이 길에서 5만 원권 지폐를 주웠거나 반대로

5만 원권 지폐를 잃어버렸다고 하자. 과연 어떤 상황이 더 큰 감정의 동요를 불러일으킬까? 아마도 우연히 5만 원을 주운 행운과 기쁨보다 5만 원을 잃은 상실감과 고통이 더 클 것이다.

다른 예를 들어보자. 동전을 던져 앞면이 나오면 10만 원을 따고, 뒷면이 나오면 10만 원을 잃는 게임이 있다고 하자. 당신은 그 도박에 참여할 것인가? 역시 선불리 끼어들지 않을 것이다. 확률은 반반이지만 요행히 10만 원을 따는 이익보다 10만 원을 잃는 손실이 더 크게 느껴질 것이기 때문이다. 적어도 앞면이 나오면 15만 원을 따고, 뒷면이 나오면 10만 원을 잃는 게임 정도가 되어야 슬슬 구미가 당기지 않을까?

수렵·채집 시대의 사슴 사냥을 상상해보자. 동굴로 돌아가는 길에 어렵게 잡은 사슴 한 마리를 놓쳐버리는 것(빼앗기는 것)과 또 한 마리의 사슴을 발견하여 잡는 것 중 어느 것이 더 큰 사건일까? 물론 전자다. 후자가 가져다주는 혜택이 고작 포만이라면 전자가 초래하는 것은 기아와 사망일 수도 있다.

똑같은 가치지만 우리는 손실을 이익보다 더 크게 느끼는 경향이 있다. 이른바 '손실 회피 편향'이다. 그 감정의 격차가 2.75배에 이른다고 분석하는 사람도 있다. 먼 옛날 우리 조상들의 생존에는 행운과 덤보다는 손실이 더 절박하고 어쩌면 치명적이었기 때문이다.

현실 중시 편향

이야기를 바꿔서 오늘 10만 원을 받을 것인지, 한 달 후에 12만 원을 받을 것인지 선택하라면 당신은 무엇을 선택할까? 합리적인 사람이라면 한 달 후에 12만 원을 받겠다고 해야 마땅하다. 월 20%의 이자가 발생하는 일은 현실에서 흔치 않은 일이다. 그러나 아마도 당장 10만 원을 받겠다고 하는 사람이 더 많을 것이다.

연구결과에 따르면 즉흥적이고 직관적인 사람이 이성적이고 분석적인 사람보다 당장 돈을 받겠다는 비율이 훨씬 높았다고 한다. 그러나 이를 개인의 성격 문제로만 볼 것은 아니다. 그가 안정 지향적인 사람인가, 모험적인 사람인가, 충동적인 사람인가, 이성적인 사람인가의 문제만은 아니라는 이야기다. 이성적이고 분석적인 유형의 사람도 약 37%는 당장 돈을 받겠다고 답변했다고 한다. 우리에게는 현재를 중시하는 편향이 있다. 과거 인류에게는 오늘 하루를 무사히 넘기는 것이 무엇보다 중요했고, 미래는 너무나 막연하고 먼 이야기였던 것이다.

따라서 현재와 미래의 선택이 아니라 미래 중 어느 하나의 선택이라면 사정은 달라지고 우리는 좀 더 이성적이고 합리적인 존재가 될지도 모른다. 당신은 3주 후 11만 원을 받을 것인가, 아니면 4주 후 12만 원을 받을 것인가? 아마도 '그까짓 1주일 더 기다리지 뭐' 하면서 후자를 택하지 않을까.

현상 유지 편향도 마찬가지다. 우리는 특별한 이득이나 계기가 주어지지 않는 한 좀처럼 현재 상태를 바꾸려고 하지 않는다. 환경과 행동이 바뀌면 어떤 새로운 위험과 심각한 결과가 도사리고 있을지 알 수 없기 때문이다. 생명체는 생존과 번식을 추구하며, 익숙하고 안정적인 것을 선호하는 경향이 있다. 현상이 아무리 불편하고 고통스럽더라도 적어도 목숨은 유지했기 때문이다.

그 밖에도 진화가 우리 심리에 미친 영향은 크다. 딴짓을 하면 왠지 마음이 불편한 것이나 무위(無爲)와 무료(無聊)를 못 견디는 습성도 어쩌면 부지런히 손발을 놀려야 겨우 기아를 면할 수 있었던 무잉여 시대의 유산일지 모른다.

빅 히스토리

지구 탄생과 생명체의 진화

과학자들의 연구결과를 종합하여 지구의 탄생과 생명체의 진화과정을 정리해보면 대략 다음과 같다. 다만 학자들에 따라서 시기에 차이가 있고, 크게는 몇십만 년에서 몇억 년의 괴리가 발생하기도 한다.

문자가 발명되고 역사시대가 개막한 지 5,000년에 불과하기 때문에 수 십만 년이나 수억 년의 시간을 가늠하기는 어렵다. 게다가 인류는 오랜 시간 100여 명을 넘지 않는 소집단을 이루어 생활해 왔고, 그것을 넘어서는 숫자에 대해서는 서툴고 둔감하다. 이때 유용한 것이 1:100만의 법칙이다. 역사시대의 1년은 선사시대의 100만 년에 해당하는 정도의 시간이라는 것이다. 그렇게 보면 선사시대의 1억 년은 역사시대로 보면 고작 100년의 기간이고, 1,000만 년은 10년에 불과하다. 인류의 조상이 도끼를 발명하고 거기에 자루를 달기까지 140만 년이 걸렸다고 하는데 역사시대의 시간개념으로는 약 1.4년인 셈이다.

약 138억 년 전	빅뱅
약 46억 년 전	태양계 속 지구 탄생
약 38억 년 전	고세균, 박테리아, 진핵생물
약 10억 년 전	다세포 생물
약 5억 년 전	최초 척추동물(어류)
약 4억 2,500만 년 전	식물 육지 점령
약 3억 7,000만 년 전	수중동물 육지이전 곤충, 양서류, 파충류, 조류(공룡에서 진화)
약 1억 년 전	포유류

약 8,500만 년 전	영장목(원숭이, 여우원숭이, 유인원)
약 2,000만 년 전	사람과(침팬지·고릴라·오랑우탄)
약 700만 년 전	사람속(사람/침팬지/보노보)
약 320만 년 전	직립(오스트랄로피테쿠스 아파렌시스-루시)
약 250만 년 전	도구사용(호모하빌리스-손재주가 있는 사람)
약 150만 년 전	50만 년 전 -불의 사용(호모에렉투스, 아프리카를 떠난 최초의 호미닌)
약 20만 년 전	호모 사피엔스
약 6만 년 전	아프리카에서 중동, 유럽, 아시아, 오스트레일리아, 아메리카로 이동(아웃 오브 아프리카)
약 5만 년 전	종교, 예술의 탄생
약 3만 년 전	최초의 가축화
약 12,000년 전	정착 농경
약 5,000년 전	문자발명

빅 히스토리

그중에서 우주의 기원, 지구의 형성, 생명의 출발, 인류의 탄생과 같은 이야기들을 주로 '빅히스토리'라 부른다. 그만큼 어마어마하고 경이로운 이야기를 담고 있기 때문이다.

먼저, 약 138억 년 전 빅뱅이 있었다. 빅뱅은 엄청난 규모의 거대하고 갑작스러운 우주의 팽창이다. 우주는 팽창한다. 거대한 망원경으로 우주를 관측하면 은하들이 우리로부터 멀어지고, 멀리 있는 은하일수록 더 빨리 멀어진다는 사실을 알 수 있다. 만약 시간을 거꾸로 돌린다면 은하들이 점점 가까워져서 마침내는 모든 은하와 은하 사이의 공간이 하나의 점으로 수렴될 것이다. 특이점이고, 빅뱅의 순간이다.

빅뱅은 무에서 유가 창조된 것이다. 한 점의 폭발이자 공간과 시간의 시작이다. 빅뱅 이후 극히 짧은 찰나의 순간에 거대한 우주가 형성되었다. 우주에는 1,400억 개의 은하계가 있는 것으로 추정되고, 우리 은하계에는 1,000억 개에서 4,000억 개의 별이 있을 것으로 짐작된다. 태양과 지구는 그 수많은 별 중 하나이다. 우주의 크기(거리)는 끝없이 광대해서 약 930억 광년(빛이 1년 동안 진행할 수 있는 거리)에 이른다. 북극성의 별빛이 지구에 도달하는 데 약 430년이 걸린다.

약 46억 년 전 태양계 속 지구가 형성되었다. 태양계 대부분은 수소와 헬륨 등 가벼운 원소로 구성되어 있지만 지구 근처에는 암석을 구성하는 산소, 마그네슘, 규소, 철이 많았다. 태양이 분출하는 강력한 입자에 의해 기체 원소들은 태양계 바깥으로 밀려나고 광물 입자들은 중력(인력)에 의해 서로 엉겨 붙고 합쳐지면서 빠르게 지구를 형성하였다. 그리하여 우리 태양계는 암석으로 구성된 안쪽의 4개의 행성(수성, 금성, 지구, 화성)과 바깥쪽의 기체로 구성된 4개의 행성(목성, 토성, 천왕성, 해왕성)으로 구성되기에 이르렀다(명왕성은 2006년 기준수정으로 태양계의 행성에서 제외되었다).

지구 형성기에는 단지 기체와 먼지(광물입자)와 중력만이 존재했고, 땅과 바다가 생겼으며, 그 어떤 생명체도 존재하지 않았다. 대기 중에 산소는 거의 없었고 광물입자 속에 들어 있거나 물에 갇혀 있었다.

약 38억 5,000만 년 전 드디어 생명체, 단세포생물이 나타났다. 생명이 어떻게 시작됐는지 정확히 밝혀진 것은 아니다. 대체로 '따뜻한 작은 연못' '원시 수프' '중앙해령 심해 열수공(거품이 이는 바다 밑 분출구)' 등에서 기원한 것으로 본다. 물이 생명의 조건이자 근원인 셈이다.

물이 담긴 플라스크와 메탄, 암모니아, 황화수소 같은 초기 지구의 기체혼합물이 담긴 플라스크를 관으로 연결한 후 전기방전을 일으키자 아미노산, 당과 같은 유기물이 생성되었다. 생명체를 이루는 원소들(탄소, 수소, 산소, 질소, 황, 인, 칼슘, 철)을 여러 방법으로 조합하면 산이나 당과 같은 화합물을 만들 수도 있다. 산과 당은 생명의 원시 재료들이고, 이들이 결합하여 단백질이 되고 막이 형성되면서 고세균, 박테리아, 진핵생물과 같은 단세포 생물이 탄생했다. 생명의 탄생은 흔히 하는 말로 무에서 유가 창조된 것이 아니다. 태초에 대기와 물과 암석(흙) 속에 원소가 있었고, 이들이 화학작용을 일으켜 생명이 기원한 것이다.

생명체가 외계에서 기원했다는 가설도 없지는 않다. 운석이 지구와 충돌하면서 생명의 씨앗이 지구에 떨어졌을 것이라는 주장이다. 지구와 충돌하거나 지구에 떨어진 운석에서 아미노산이나 당과 같은 생명의 재료, 유기화합물이 다량 발견되었기 때문이다.

인간이 침팬지와 분리된 것은 약 700만 년 전으로 인간과 침팬지의 유전자 구조는 98.4% 일치한다. 다시 말하면 인간은 700만 년 동안 침팬지와 약 1.6% 정도 독립하여 진화한 것이다. 이는 얼룩말과 말의 유전자구조 차이보다 작다. 물론 1.6%의 유전자 차이는 수치로는 작지만 오늘날 인간과 침팬지의 모습만큼 커다란 차이가 있는 것도 사실이다.

침팬지와 분리되어 500만 년 동안 아프리카에 살았던 인류의 조상은 오스트랄로피테쿠스들이다. 그들은 직립보행을 했지만 여전히 뇌가 작았고, 간단한 도구를 사용했다는 흔적도 없으며, 오히려 유인원에 가까운 존재였다.

오늘날의 인간과 같은 특성을 가진 존재가 등장한 것은 약 200만 년 전 호모에렉투스다. 그들은 처음으로 사냥을 했고, 불을 사용했으며, 도구를 만들고, 집단생활을 영위했다. 이들은 최초로 아프리카를 벗어나 더 넓은 지구로 뻗어나갔다.

놀라운 동물의 진화

척추동물은 대체로 어류, 양서류, 파충류, 조류, 포유류, 영장류, 사람 순으로 진화했다. 물론 이는 계통발생의 순서를 말한 것일 뿐 어류가 양서류로, 양서류가 파충류로, 파충류가 조류로, 조류가 포유류로, 포유류가 영장류로, 영장류가 사람으로 진화한 것이 아니다. 진화는 진보가 아니다. 단순한 것에서 복잡한 것으로, 하등한 것에서 고등한 존재로 바뀌는 것이 아니다. 동물의 진화가 그와 같이 수직적이라면 종전의 하등동물은 모두 사라지거나 지금 현재도 그 진화가 진행 중이어야 한다. 그러나 생명체 중 압도적 다수는 여전히 단세포생물인 세균 곧 박테리아다.

진화과정은 가지치기와 같다. 마치 하나의 가지에서 새로운 가지가 생겨나고 그 가지에서 또 새로운 가지가 생겨나는 것처럼, 어떤 종에서 변이가 발생하고 그 변이가 유전되고 퍼져서 새로운 종이 생기고 점차 다양화되는 과정을 거치는 것이다.

동물의 진화과정을 생각하면 신기하고 놀라울 따름이다. 어류는 주로 아가미로 호흡하고 지느러미로 헤엄치는 반면, 육상 동물은 허파로 호흡하고 네 발로 이동한다. 그런데 어떻게 수중동물이 지상으로 올라오게 되었을까? 파충류는 네 발로 기어 다니고 조류는 양 날개로 하늘을 난다. 그런데 어떻게 지상의 동물이 하늘을 날게 되었을까? 도대체 지상의 고래는 어떻게 다시 바다로 돌아간 것일까?

어류가 육지로 이전한 것은 약 3억 7,000만 년 전 일이다. 어류(지느러미)와 양서류(네 발)의 특성을 모두 가진 네 발 달린 민물고기(틱타일락로제) 화석이 발견된 것이다. 물고기와 양서류의 연결고리, 이른바 잃어버린 고리다. 어떤 물고기가 변이를 일으켜 개구리, 두꺼비, 도롱뇽 같은 양서류로 새로 가지치기 하는 과정에서 생겨난 것이다.

민물고기가 육지로 상륙한 것은 바닷고기보다 선택압력이 높았기 때문이다. 수량이 풍부하고 산소를 일정하게 공급하는 바다와 달리 하천은 가뭄과 홍수를 반복하며, 먹이와 산소부족 현상이 자주 발생한다. 민물고기 입장에서는 육지로 진출하고, 허파(피부)로 호흡할 필요와 압력이 증대되는 것이다.

틱타일락로제의 허파가 갑자기 생겨난 것은 아니다. 물고기는 주로 아가미로 호흡하지만 부차적으로 허파로 호흡하기도 한다. 금붕어나 잉어가 물 밖으로 입을 내밀고 빠끔거리는 것은 공기호흡의 증거다. 물속 산소량은 대기 중 산소량보다 적고, 산소의 확산속도도 대기 중 산소보다 느리다. 수중 산소의 결핍이 어류의 허파를 발달시켰고, 육상으로 진출하면서 허파는 더욱 진화하고 아가미는 퇴화된 것이다.

어떻게 파충류가 하늘을 나는 엄청난 진화가 가능하냐고 물을지도 모른다. 그러나 파라다이스 나무뱀은 나무와 나무 사이를 수평으로 날아다닌다. 포유류인 박쥐는 앞다리와 뒷다리 사이의 얇고 넓은 비막을 펼쳐 하늘을 난다. 날다람쥐와 날원숭이도 옆주름막(활강막)을 이용해 나무들 사이, 나무와 땅 사이를 날아다닌다.

고래는 잘 알다시피 포유류다. 새끼를 낳고 젖을 먹이며, 분수공 주위에 털도 있다. 네 발로 육상생활을 하였고 그 자취가 지금도 흔적 골반과 뒷다리 뼈로 남아있다. 물속 생활을 하는 지금도 고래는 여전히 허파로 공기 호흡을 한다. 최근에는 약 4,300만 년 전에 살았던 것으로 추정되는 '피오메투스 아누비스'라는 네 발 달린 고래 화석이 발견되었다.

그런 고래가 그 옛날 다시 바다로 돌아갔다. 고래의 바다 이동에 대해서는 알려진 것이 별로 없다. 다만 '피오메투스 아누비스'가 육지와 수중생활이 모두 가능했던 것으로 보아 아마도 일부 변종이 수륙양면 생활을 하다가 점차 수중생활로 변모한 것으로 보인다. 그 이유로는 육상의 환경변화와 포식자의 존재, 그리고 바다의 풍부한 먹이가 거론된다.

공룡 이야기

공룡은 새(조류)의 조상이다. 새는 공룡에서 진화했다. 믿기 어렵지만 사실이고, 그 증거는 많다. 공룡뼈는 항상 중생대 지층(2억 5,000만 년 전~6,600만 년 전)에서 발견된다. 새의 화석은 공룡화석보다 더 나중에 생긴 지층에서만 발견된다. 티라노사우루스의 뼈에서는 새의 쇄골인 차골이 발견된다. 결정적으로 깃털 달린 공룡화석이 발견되었다.

물론 공룡의 날개(깃털)가 처음부터 하늘을 나는 용도로 사용된 것은 아니다. 유전적 변이로 생긴 날개(깃털)는 처음에 단지 체온을 조절하는 덮개이거나 암컷에 대한 구애용으로 기능하다가 점차 하늘을 나는 힘찬 날개로 진화하였을 것이다.

그럼에도 의문이 끊이지 않는다. 어떻게 그렇게 거대한 공룡이 새로 진화한단 말인가? 공룡의 앞발이 어떻게 날개로 변한단 말인가? 티라노사우루스는 몸길이가 수십 m에 이르고, 트리케라톱스는 몸무게가 수 톤에 달한다.

그러나 공룡은 약 2억 년 전부터 6,500만 년 전까지 지구를 지배했고, 종류가 매우 많았다. 아주 큰 공룡이 있는가 하면 아주 작은 공룡이 있고, 육식공룡이 있는가 하면 채식공룡도 있다. 하늘을 나는 놈(익룡), 물에서 헤엄치는 놈(어룡)도 있었다. 닭이나 칠면조 크기의 작은 공룡화석도 발견된다. 조류가 공룡에서 진화한 것은 얼마든지 가능한 일이다.

공룡지배하에서 포유류는 포식자를 피해 주로 밤에 활동하고, 설치류처럼 크기가 작았으며, 종류도 다양하지 못했다. 공룡이 멸종한 것은 약 6,500만 년 전의 일이므로 원시인류와 공룡은 공존한 사실이 없고, 당연히 사람의 유골과 공룡뼈가 같은 지층에서 발견되는 일도 없다.

공룡의 멸종원인은 소행성(운석)의 충돌이다. 약 6,500만 년 전 지름이 약 10㎞ 정도인 소행성이 지구와 충돌하여 그보다 10배 이상 큰 운석구가 생겼다. 멕시코 남쪽 유카단 반도의 칙술루브 크레이터(운석구)다. 위 운석구와 같은 시기의 지층에서는 지구상에 매우 드문 이리듐이 다량 발견된다.

소행성이 지구를 강타하면서 지진과 해일이 일어나고, 용암이 분출하고, 먼지와 화산재가 태양열을 차단해 빙하기가 닥쳤다. 그 여파로 육상생물의 절반가량이 멸종되었다. 중생대 백악기의 대멸종이다. 대멸종으로 최상위포식자 공룡이 사라지면서 포유류가 지상 세계의 중심으로 등장한다. 비로소 포유류의 전성시대가 열린 것이다. 만약 공룡의 멸종이라는 우연한 사건이 없었다면 포유류의 전성시대도, 그 뒤를 이은 영장류와 사람의 시대도 도래하지 않았을 것이다.

대멸종

지금까지 지구상에는 5번의 대멸종이 있었다. 고생대의 오르도비스기·데본기·페름기, 중생대의 트라이아스기, 그리고 백악기의 대멸종이다.

고생대 페름기의 대멸종은 수백만 년 동안 지속된 화산폭발의 결과라고 한다. 화산활동으로 온실가스가 대량 배출되고 수온이 상승하고 바다의 산소량이 감소하였다. 해양생물의 다수가 멸종하였고, 바닷속에서 산소 없이 살아가는 혐기성 세균이 증식되자 대기 중에 그 유독가스(황화수소)가 다량 분출되면서 육지생물의 다수도 덩달아 멸종하였다.

다섯 번의 대멸종은 대부분 소행성 충돌, 화산폭발, 빙하기 등 자연재해로 인한 것이었다. 그러나 여섯 번째 대멸종이 있다면 그 원인은 인간에 의한 재해일 것이라고 예측되고 있다. 생물 다양성의 파괴, 지구온난화, 핵전쟁 등이 그것이다.

인도양 모리셔스 섬의 도도새는 바보새라는 이름처럼 날지 못하고 경계심도 부족한 새였다. 먹이가 풍부하고 포식자가 없으니 날개는 퇴화되고 조심성은 줄어든 것이다. 그러나 그동안 아무런 문제 없이 잘 살던 이 새는 사람이 섬에 상륙한 지 불과 200년이 안 돼서 완전히 씨가 말라버렸다. 현재 많은 야생의 동식물이 인간의 난개발과 포획으로 멸종되고 있다.

지구온난화 문제에 대해서는 서로 다른 의견이 존재한다. 호모에렉투스 등장 이후 200만 년 동안 약 10여 차례의 빙하기가 있었고, 현재는 약 1만 2,000년 전 마지막 빙하기가 끝나고 비교적 기후가 온화한 간빙기(홀로세)라는 것이다. 나아가 약간의 온난화는 수분 증발을 가속화하여 고위도 지방에 많은 눈을 내리게 하고, 쌓인 눈이 햇볕을 반사하여 지구의 냉각 효과가 커진다는 것이다.

그러나 우리는 빙하기와 해빙기처럼 지구 온도가 급속하게 바뀌는 원인을 모를 뿐 아니라 그 주기를 정확히 예측할 수 없고, 이를 방지할 마땅한 수단도 없다. 따라서 현재 진행 중인 지구온난화 와중에 인류와 동식물이 치명적인 피해를 입을 수도 있다.

아웃 오프 아프리카

인류의 조상은 아프리카에서 기원했다. 인류와 가장 가까운 친척인 침팬지와 보노보가 그곳에 있다. 200만 년 이전의 인류화석은 모두 아프리카에서 발견되며, 가장 오래된 석기도 아프리카에서만 발견된다. 인류의 아프리카 기원설의 근거다.

그에 대립하는 것이 다지역 기원설이다. 아프리카뿐만 아니라 다른 지역에서도 인류가 독립하여 기원했다는 것이다. 그러나 아프리카, 유럽, 중국, 인도네시아 등 구세계 전체에서 동시에 비슷한 진화가 진행된다는 것은 과학적으로 불가능하다는 것이 오늘날의 정설이다.

최초의 아웃 오브 아프리카는 앞서 본 호모에렉투스의 이동이다. 지금으로부터 약 180만 년 전쯤 동쪽으로 이주를 시작하여 중국(베이징인)과 자바섬(자바인)에 이르고, 좀 더 나중에는 유럽으로 이주하여 호모 하이델베르겐시스, 네안데르탈인으로 진화한다.

약 6만 년 전에는 현생 인류의 조상인 호모사피엔스가 아프리카 밖으로 퍼져나가서 호모에렉투스의 후손들과 네안데르탈인을 교체했다. 그러나 정작 호모사피엔스의 기원에 대해서는 호모에렉투스보다 알려진 것이 별로 없다.

호모사피엔스의 이주 경로는 크게 3가지 방향으로 추정된다. 아라비아반도, 인도, 인도네시아, 호주로 이어지는 것이 그중 하나고, 아시아 동쪽으로 이동하다 북상하여 베링해협을 건너 아메리카로 건너가는 것이 다른 하나이고, 나머지는 중동, 유럽, 북아시아, 배링해협을 건너 아메리카로 건너가는 루트다. 마땅한 교통수단이 없던 이들은 걸어서 느리게 이동했고, 빙하기 동안 낮아진 해수면을 이용해 대륙을 건넜다. 아메리카 원주민이 아시아인과 모습이 비슷한 것은 이들이 빙하기에 해수면이 낮은 베링해협 쪽을 건너 아시아에서 미국으로 이주했기 때문이다.

1856년 독일의 네안데르 계곡에서 유골이 발견되어 이름이 붙여진 네안데르탈인은 약 23만 년 전쯤 등장해서 2만 8천 년 전쯤 사라진다. 유럽과 중동 전역에 거주했고, 호모사피엔스보다 더 큰 뇌와 강한 신체를 가지고 있었으며, 정교한 도구를 사용했다고 한다. 현대인의 뇌가 1,450cc 정도인 반면 네안데르탈인의 뇌는 1,800cc 정도였다고 한다.

이처럼 큰 뇌와 강한 신체, 도구를 가진 네안데르탈인도 호모사피엔스에 의해 교체되고 마는데, 멸종(흡수)의 주된 원인으로는 소통력(협동력)의 부족, 언어의 미발달이 언급된다. 그들은 언어사용에 필요한 후두, 성대, 혀의 진화가 미비해서 몇 마디 말과 손짓으로 소통했다고 하며, 이들의 유골 주위에서는 동물뼈나 부장품이 함께 발견되어 초기 종교적 관념이 형성되었음을 보여준다.

호모사피엔스가 전 세계로 뻗어 나간 지난 6만 년의 시간은 동시에 수많은 동물이 멸종한 시간이었다. 호모사피엔스는 가는 곳마다 야생동물을 포획, 몰살하였으며, 아메리카에서는 약 1~2만 년 전 현생인류가 발을 들여놓으면서 약 30'속'의 대형동물이 자취를 감췄다. '세상에서 가장 영리한 동물은 아직 인간의 눈에 띄지 않은 동물'이라는 플루타르코스의 말은 역사적 진실이다.

인종은 종이 아니다

인류의 조상은 흑인이다. 우리는 모두 흑인의 후예다. 지금의 피부색은 아프리카 대륙에 모여 살던 인류(호모사피엔스)가 전 세계로 퍼져나가면서 생긴 변화의 결과다. 인종 간의 생태적 차이가 발생한 것은 약 6만 년 동안의 시간과 환경이 작용한 것이다.

햇빛 속 과다한 자외선은 피부세포의 손상을 초래하고 화상, 피부노화, 피부암의 원인이 된다. 생존을 위해서는 강한 자외선을 차단할 필요가 있는데, 그것이 천연 자외선 차단제 역할을 하는 유멜라닌이라는 검은 색소다. 흑인의 피부가 검은 것은 멜라닌세포 속에 유멜라닌 색소가 많기 때문이다. 적도 근방의 강한 햇빛과 자외선에 대한 적응으로 검은 피부가 진화한 것이다.

반면 자외선은 우리 몸속 콜레스테롤과 반응하여 비타민D를 합성하고 비타민D는 칼슘의 체내흡수를 돕고 뼈를 튼튼하게 해준다. 비타민D가 부족하면 뼈가 휘는 구루병에 걸리기 쉽다. 햇빛과 자외선이 약한 고위도 지방(북유럽)에서는 비타민 D를 생성하기 위해서 자외선이 진피층까지 깊이 들어와야 하는데 그러자면 유멜라닌 색소가 적은 것이 유리하다. 인종을 불문하고 여성들이 남성보다 피부색이 밝은 것은 임신과 수유 기간에 칼슘과 비타민 D가 더 필요하기 때문이다.

아프리카에서는 강한 햇빛과 자외선 때문에 유멜라닌 색소가 풍부하게 분포한 흑인이 살아남고 퍼져갔으며, 북유럽에서는 약한 햇빛과 자외선으로 인해 유멜라닌 색소가 적은 백인이 살아남고 퍼져갔던 것이다. 흑인의 코가 넓은 것은 고온다습한 기후에 대한 적응(산소호흡)이고, 백인의 코가 긴 것은 차고 건조한 공기에 대한 적응(완충기능)이라고 한다.

인류는 모두 흑인에서 출발했고 상호 번식이 가능한 같은 종이다. 에른스트 마이어의 종의 개념－상호교배하는 자연 개체군의 집단으로서 다른 집단들과 생식적으로 격리된 것－에 따르면 인종은 종이 아니다. 아종이거나 하나의 생태형이다. 그러나 겉모습은 언제나 우리를 현혹한다. 버섯은 식물인가 동물인가 곰팡이인가? 물범은 어류인가 포유류인가? 오리너구리는 조류인가 포유류인가?

가축화

오늘날 우리가 매일 먹다시피 하는 각종 고기류와 반려동물들을 생각하면 인류에게 가축화만큼 중요한 사건도 없을 것이다. 최초의 가축화가 시작된 것은 약 3만 년 전이다. 인류가 처음으로 야생동물을 길들여 가축으로 키우고 이용하게 된 것이다. 인류는 가장 먼저 개를 길들였고 약 1만 년 전에는 양, 돼지, 소, 염소로 확대되었다.

가축화는 인류의 삶에 결정적 변화를 가져왔다. 이제 더 이상 인간은 고기를 얻기 위해 초원을 헤맬 필요가 없고, 집단을 지키기 위해

불침번을 설 필요가 없다. 힘든 노동을 대신할 일꾼을 얻었고, 이동수단이 생겼다. 소, 말, 돼지, 양, 염소, 닭, 오리, 개, 고양이 등등. 가축화는 처음부터 지극히 인간 중심의 개념이었다.

그러나 입장을 바꿔 동물의 관점에서 보면 어떨까? 모든 동물이 가축화되는 것은 아니고, 같은 종의 모든 개체가 가축화되는 것도 아니다. 가축화는 동물의 자기 가축화 없이는 불가능하다. 어쩌면 자기 가축화가 선행되는 것인지도 모른다.

사람을 덜 겁내는 야생늑대(회색늑대) 한 무리가 있다. 그들은 먹을 것을 찾아 인간 마을 근처를 배회하면서 사람이 먹다 버린 음식 찌꺼기나 배설물을 먹으며 생활했다. 자기들끼리만 교미하고 번식을 하였으며 그렇게 몇 세대가 흐르자 큰 변화가 나타났다. 털색이 변하고, 펄럭이는 귀와 동그랗게 말린 꼬리가 생겼다. 주둥이는 짧고, 이빨은 작아졌다. 외모만 바뀐 것이 아니라 스트레스 호르몬 수치는 줄고, 세로토닌 분비는 증가했으며, 성격은 온순해졌다. 그들을 대하는 사람들의 태도도 더욱 관대해졌으며, 마침내 사람들 집안으로 발을 들여놓게 되었다.

동물에게 자기 가축화는 생존과 번식을 위한 하나의 적응이자 진화이다. 야생의 늑대들이 거의 멸종상태에 이르는 동안, 인간의 보호와 관리하에 들어간 개는 나름대로 생존을 유지하고, 종족을 번식했다. 인간에게 다가가기를 꺼려하지 않은 친화력이 그 동인이었다.

그러나 그 적응의 대가는 큰 것이었다. 인간이 가축화의 대가로 (동물로부터) 많은 전염병을 얻은 것처럼 가축화된 동물은 야생의 자유와 본성을 잃었다. 가축들의 뇌는 야생 조상들의 뇌보다 30% 가까이나 작다. 그들은 본래의 날카로운 이빨과 발톱을 잃었고, 애완동물이 되거나 번식 기계로 전락하였다. 인간은 가축화된 동물 중에서도 성격이 온순하고 번식능력이 좋은 개체만을 선택적으로 교배시켜 더욱 자기 필요에 맞는 형질로 변경시켰다.

어쩌면 진화는 본래 그런 것인지도 모른다. 진화는 진보도, 도덕도, 하나의 목적도 아니다. 생존과 번식이 목적이라면 유일한 목적이다. 진화는 종종 위장, 속임수, 경쟁, 냉혹함, 경계, 불안, 질투, 굴종, 순응을 수반한다. 나뭇잎벌레는 벌레 먹은 나뭇잎처럼 스스로를 위장하고, 카멜레온은 주변환경(색, 온도)에 따라 피부색을 바꾸며, 나무늘보는 세상에서 가장 느린 움직임으로 포식자의 눈을 피한다. 도망할 수도, 맞서 싸울 수도 없는 느림보 거북은 등껍질 속으로 몸을 숨기고 돌멩이처럼 꿈적하지 않는다.

진화냐 설계냐

페일리의 논증

기독교적 세계관이 지배하던 시절 사람들은 만물이 창조주(신)에 의해 만들어졌다고 생각했다. 다만 그 논리는 빈약하고 궁색했다. 어쩌면 당연한 일인지도 모른다. 그것은 애초부터 이성과 논리의 영역이 아니라 믿음의 영역이었으니까. 영국의 자연 신학자 윌리엄 페일리의 시계공 논증(유추)이 대표적이다.

'내가 땅에서 시계를 하나 보았다고 해보자. 아마 이렇게 추론하는 것이 지당할 것이다. 시계가 있으려면 분명 제작자가 있어야 할 것이다. 설계자 없는 설계는 있을 수 없다. 그 설계자는 틀림없이 어떤 인격일 것이다. 그 인격은 바로 신이다.'

시계 같은 복잡한 기계가 반드시 그걸 설계하고 만든 지적인 존재(시계공)가 있는 것처럼 자연 만물 역시 복잡하고 완벽하게 기능하는데, 이는 이 세상을 만든 설계자가 존재하기 때문이라는 것이다.

생물이 변하지 않는다고 생각한 것도 같은 이유 때문이다. 생물이 불완전하고 변한다는 생각은 창조주의 불완전성을 암시한다는 이유로 신성에 대한 모독으로 여겨졌다. 오죽했으면 종의 변이를 확신한 다윈이 동료 식물학자에게 마치 '살인죄를 자백하는 것 같다'고 당시 심경을 토로했을까.

그러나 사람이 만든 것이 인공물이라면 자연적으로 생성되는 것은 자연물이다. 누가 봐도 사람이 만든 것이 분명한 인공물(시계) 하나를 예로 들면서 그러므로 세상 만물은 설계자가 있다고 주장하는 것은 논리의 비약이고 과도한 일반화의 오류다. 그렇다면 길가의 돌멩이나 심산유곡의 들꽃은 누가 설계했는가?

페일리의 주장처럼 세상 만물이 정교하거나 완벽하지 않고 모순과 허점투성이라는 것은 알 만한 사람은 다 안다. 만물의 영장이라는 사람은 어떤가? 시계만 하더라도 고장이 나고, 동력(건전지)이 없으면 작동하지 않는다. 지구상에 존재하던 생물종의 99% 이상이 멸종하고 단 1%만 살아남았다. 어떤 절대자가 100개의 시계를 만들고 나머지 99개를 내다 버린단 말인가?

넙치는 몸통 양면에 눈이 하나씩 붙은 채로 태어나고 수직으로 몸을 세워 헤엄친다. 한 달쯤 지나면 한쪽 눈이 반대쪽 눈 옆에 가서 붙고 몸을 뒤집어 눈이 사라진 면이 바닥을 향한다. 그렇게 바다 밑에서 수평으로 누워 포식자를 피하고 위장한 채로 다른 물고기를 노린다. 잘못된 설계가 눈을 이동시키고 두개골을 변형시키고 몸을 뒤집는 이상하고 번거로운 변형을 가져온 것이다. 왜 처음부터 그렇게 설계하지 않았는가? 왜 고래나 박쥐는 처음부터 어류나 조류로 설계하지 않았는가? 시계보다 더 복잡한 그 설계자(시계공)는 누가 또 설계했는가?

진화를 믿기 어려운 이유

모든 생물이 당초부터 지금과 같은 모습은 아니었다. 생물종은 각각의 완성된 창조물이 아니다. 생물은 변화하고 진화한다. 그럼에도 우리는 생물의 변화와 진화를 받아들이기 어렵다. 과학이 발달한 오늘날에도 세계의 절반이 넘는 사람들이 인간이 과거 다른 동물종에서 파생했다는 사실을 받아들이지 못한다. 인간이 처음부터 지금과 똑같은 모습으로 창조되었다고 생각한다.

우리는 정보의 대부분을 감각, 그 중에서도 시각을 통해 수집한다.

그러나 진화는 오랜 시간에 걸쳐 점차적으로 이루어지는 것이기 때문에 경험적 관찰이 어렵다. 진화과정을 직접 육안으로 목격하거나 감각할 수 없는 우리로서는 이를 쉽게 납득하지 못하는 것이다.

수 억 년 전에 지금의 아프리카와 남아메리카, 남극과 인도와 오스트레일리아가 '곤드와나'라는 하나의 대륙으로 이어져 있었다는 것을 쉽게 믿을 수 있겠는가? 우리가 살고 있는 지구가 두께 약 30km의 거대한 판들로 이루어져 있고, 대륙들이 여러 개의 판 위에 올라타 있으며, 그 판들이 지구 내부 물질 위를 떠다님에 따라 대륙들이 연간 5~10cm의 속도로 이동한다는 사실을 받아들일 수 있겠는가? 그 판들이 서로 떨어지고 충돌함에 따라 대륙이 갈라지고 지진과 화산폭발이 일어나고 산맥이 융기한다는 것을 믿기는 쉽지 않다.

그러나 어지럼증을 느끼지 않아도 우리는 지구의 자전과 공전을 공지의 사실로 받아들인다. 서아프리카의 움푹 들어간 지형과 남아메리카 동쪽 부분의 돌출한 지형이 그냥 우연이 아니라 대륙의 이동과 분리의 결과라는 것을 이해한다. 히말라야 핑크쏠트(분홍소금)는 히말라야산맥이 약 2억 년 전 판(대륙)충돌로 바닷속에서 융기한 것 말고 달리 설명되지 않는다는 것을 안다.

진화에는 오랜 세월이 필요하다. 자연선택을 통해 유라시아의 갈색 곰이 북극의 흰곰으로 바뀌는 데는 1만 년이 소요된다. 진화를 이해하기 위해서는 무엇보다 세월의 힘, 여러 세대에 걸친 누적적 결과를 먼저 이해할 필요가 있다. 여기 암수 한 쌍이 단 2마리의 새끼(알)만 낳는 어떤 동물종이 있다고 하자. 그 종은 반드시 멸망한다. 새끼 중에는 성체가 되기 전에 병이나 포식자의 먹이가 되어 죽는 개체가 있기 마련이다. 따라서 다음 세대의 개체 수는 그만큼 줄고, 이러한 일이 계속 누적되면 마침내 그 종은 사라지는 것이다.

진화는 수많은 화석과 방사성 동위원소 연대측정법과 유전자분석과 실험을 통해서 확인된다. 초파리처럼 생애주기가 불과 수십 분에 불과한 생물에 인위적인 환경(선택압)을 조성하고 실험하면 몇 달 안에 그 생물의 변이와 진화과정을 목격할 수 있다.

'현재진행형 진화', '우리 눈앞에서 벌어지는 놀라운 진화'로 (가지)나방의 변이가 자주 언급된다. 자작나무가 많은 영국의 숲에는 그에 적응한 흰색 (가지)나방이 주종을 이뤘다고 한다. 포식자의 눈에 띄지 않고 생존과 번식에 유리했기 때문이다. 그러다가 19세기 중반 공장지대 근처의 숲에서 변종인 흑색나방이 나타나 크게 번식하기 시작했다. 공장의 매연으로 숲과 나무의 색깔이 어둡고 탁해진 것이다. 환경이 깨끗해진 지금은 다시 밝은 색깔의 나방이 많다.

박테리아(바이러스)의 변이와 내성도 진화의 또 다른 예이다. 페니실린(항바이러스제)에 취약한 개체는 사라지고, 강한 내성을 가진 개체(변이)가 나타나 살아남고 번식하여 주류가 됨으로써 종 전체의 형질이 바뀐다. 곤충과 식물도 변이를 통해 살충제(DDT)와 제초제에 대한 내성을 가진 존재로 진화한다. 감기바이러스가 퇴치되지 않고, 변종 코로나19 바이러스가 계속 등장하는 이유다.

진화론을 믿는가 창조론을 믿는가 하는 질문은 사실 넌센스다. 전자는 사실의 문제고, 후자는 종교의 영역이다. 과학적 사실은 믿음의 대상이 아니다. 과학은 사실에 대한 탐구이고, 종교는 삶의 의미에 대한 추구다.

자연선택

생물이 변하지 않고 완성된 형태로 창조되었다는 생각에 결정적 균열을 낸 것은 찰스 다윈의 진화론이다. 진화론이란 지구의 생명들이 약 38억 년 전 원시적 종에서 시작되었고 세월의 흐름에 따라 새로 가지를 쳐서 다양한 종이 생겨났으며, 그런 진화는 자연선택이라는 메커니즘에 의해 이루어졌다는 것이다.

진화는 시간에 따른 종의 변화다. 그리고 그 변화를 이끄는 기제가 자연선택이다. 자연선택은 쉽게 말해 '환경에 적응한 것은 선택(생존, 번식)되고, 그렇지 않으면 사라진다'는 것이다. 다윈에 의하면 '선호할 만한 변이의 보존과 해로운 변이의 기각'이고, 도킨스의 표현에 따르면 '최적자의 차등적 생존'이다.

자연선택이론이 어느 날 갑자기 하늘에서 떨어진 것은 아니다. 맬서스의 인구론과 당시 유행하던 인공선택에서 착안된 것이다. 맬서스의 인구론은 '인구는 기하급수적으로 증가하나, 식량은 산술급수적으로 증가한다'는 주장이다. 개체 전부가 생존할 수 있으면 적자생존의 문제는 발생하지 않는다. 식량부족이라는 선택압력이 없으면 적응, 진화의 문제도 생기지 않는다. 생물종의 선택압력으로 작용하는 것은 주로 먹이부족, 환경변화, 포식자의 존재 등이다.

인공선택은 선택(생존, 번식)이 자연적인 과정이 아니라 인간(사육사)에 의해 인위적으로 이루어지는 것을 말한다. 야생양배추에서 브로콜리와 콜라비, 양배추를 만들어내는 것과 같은 품종의 인위적 개량이다. 동물의 품종개량은 주로 '선택적 교배'를 통해 이루어진다. 같은 특성을 가진 개체들끼리 선택적으로 교배하여 더 강화된 특성과 형질을 가진 개체를 얻는 것이다. 다윈은 비둘기와 개와 식물의 품종개량이라는 인공선택으로부터 자연선택의 개념을 발전시켰다. 선택의 주체가 인간에서 자연(자연적 과정)으로 바뀐 것이다.

자연선택이 이루어지려면 4가지 조건이 필요하다. 경쟁조건, 변이조건, 차등조건, 유전조건이다. 생존할 수 있는 것보다 많은 수의 개체가 있고(경쟁조건), 개체들끼리 서로 다른 형질을 가지며(변이조건), 특정 형질을 가진 개체가 다른 개체에 비해 환경에 더 적합하고(차등조건), 그 형질이 자손에게 전달되어야 한다(유전조건). 다시 말해 집단 내 개체들이 서로 다르고, 그 차이 때문에 환경에 대응하는 능력이 서로 다르며, 그 차이가 다음 세대로 전달되면 자연선택이 작동한다. 그리하여 유전자 변화를 동반한 개체군의 변화, 최종에는 처음집단과 나중 집단이 서로 교배가 안 될 정도로 종분화가 이루어지는 것, 그것이 곧 진화이다.

성선택

종의 변화를 가져오는 것이 자연선택만은 아니다. 성선택은 자연선택과 더불어 진화의 또 다른 동인이다. 숫공작의 화려하고 긴 꼬리, 숫사슴의 엄청난 뿔, 수컷 개구리의 큰 울음소리, 황새치 수컷의 긴 주둥이는 어떻게 생겨난 것일까? 그것들은 분명 생존에는 불리하고 거추장스러운 것들처럼 보인다. 포식자의 눈에 띄기 쉽고, 도망가기도 어렵고, 많은 에너지가 소요된다. 자연선택이론에 따르면 당연히 그런 개체는 줄어들고 마침내 도태되어야 한다. 그럼에도 오히려 개체 수가 늘고, 오늘날 대부분의 수컷들은 화려한 날개와 갈기, 뿔, 울음소리를 자랑한다.

그런 형질들은 생존에는 불리하더라도 암컷의 관심을 끌고 번식하는 데는 유리하다. 성선택이란 한 마디로 '개체의 짝짓기 가능성을 높이는 적응(진화)'이다. 성 선택에는 두 가지 메커니즘이 작동하는데 하나는 성내 선택이고, 다른 하나는 성간 선택이다. 성내 선택이란 동성끼리 경쟁해서 이기는 자가 이성을 차지하는 메커니즘이고, 성간 선택이란 암수 사이에서 짝짓기 대상을 결정하는 메커니즘이다. 성내 선택과 경쟁에 따라 수컷들은 점차 힘이 세고 체격이 커졌으며, 암컷의 관심을 끌기 위해 화려한 색깔, 소리, 장식, 행동으로 무장하게 되었다.

성간 선택에 있어서 주도권을 쥔 쪽은 주로 암컷이다. 이것은 번식에 있어서 암수의 투자 차이가 크기 때문이다. 수컷은 작은 정자를 무수히 만드는 반면, 암컷은 큰 난자를 적게 생산한다. 번식과정에서 수컷이 하는 일이란 정자의 제공이 전부지만 암컷은 상당 기간 포태와 출산, 양육을 감당한다. 수컷에 비해 암컷이 상대의 선택에 훨씬 신중할 수밖에 없다. 검투사개구리 암컷은 강한 배우자를 얻기 위해 수컷을 몸으로 힘껏 밀쳐본다고 한다. 힘에 밀리거나 도망하는 수컷은 선택하지 않는 것이다.

암컷은 수컷을 신중히 골라 우월한 유전자를 후세에 전달하려 하고, 수컷은 다수의 암컷에게 씨를 뿌리려 한다. 수컷은 표준미달의 암컷도 사양하지 않지만, 암컷은 표준 이상의 수컷을 찾는다. 그리하여 수컷은 경쟁하고 암컷은 선택한다. 수컷은 크고 화려하고, 암컷은 작고 수수하다.

그러나 공작의 날개나 사슴의 뿔이 무한정 커질 수는 없다. 생존해야 번식도 할 수 있다. 암컷을 유혹하는 정도를 넘어 생존에 장애가 될 정도면 그 개체는 도태되고, 번식도 이루어지지 않는다. 진화는 자연선택과 성선택의 적절한 균형 속에서 이루어진다.

진화에 대한 오해들

기린이 높은 곳의 나뭇잎을 먹기 위해 노력하는 과정에서 점차 목이 길어지고, 그 형질이 후손에게 전달되어 오늘날의 모습을 하게 된 것이 아니다. 사실은 그 반대다. 우연히 긴 목 유전자를 타고난 기린이 먹이를 구하고 포식자로부터 자신을 방어하는 데 유리했고, 그 유전자가 살아남고 퍼져서 지배종이 된 것이다.

물론 개체들은 각자 생존과 번식을 위해 필사의 노력을 다한다. 그러나 자연선택은 개체의 의지나 노력으로 이루어지는 것이 아니다. 적응과 선택 여부를 결정하는 것은 본질적으로 우연이다. 우연히 변이(개체의 형질차이)가 발생하고, 그 변이가 주어진 환경에 적합하고 생존과 번식에 유리할 때 자연선택이 이루어지는 것이다.

부모의 형질은 생식세포(정자와 난자)를 통해서만 전달되고, 후천적으로 획득된 형질은 유전되지 않는다. 부모 생쥐의 꼬리를 모두 잘라도 꼬리 달린 새끼가 태어난다. 그러나 후성 유전학에 따르면 후천적 특성이나 경험이 생식세포의 특정 유전자에 미세변화(메틸화)를 초래하고 번식과정을 통해 다음 세대로 전달될 수 있다고 본다.

변이는 주로 복잡한 유전자의 복제·재조합 과정, 달리 말해 생식과정에서 발생한다. 유전자(염색체)가 섞이고 복제되는 과정에서 위치가 바뀌거나 중복되거나 흠결이 발생하여 변이가 일어난다. 자연선택은 개체가 적절한 유전적 변이를 갖고 있을 때 발생하며, 그런 점에서 진화는 우연(변이)과 필연(적자생존)의 합작이다.

진화가 사실이라면 현재도 침팬지는 사람으로 진화해야 한다고 주장하는 사람도 있다. 그러나 침팬지가 오랜 세월이 흐르면 인간으로 변하는 것이 아니다. 진화는 낮은 수준의 생물이 고등생물로 고도화되는 과정이 아니다. 진화는 진보가 아니라 종의 다양성이다. 미생물에서 영장류까지 모든 생물 종에서 총체적으로 이루어지는 것이다. 침팬지는 침팬지대로 진화할 뿐이다. 진화론의 주장은 한때 인간과 침팬지의 조상이 같았다는 것뿐이다. 다윈 진화론의 핵심은 가지치기와 공통조상의 개념이다. 나무줄기에서 가지들이 뻗어 나오듯이 공통조상에서 출발한 생명이 다양하게 분기되어 왔다는 것이다.

인간의 진화는 엄청난 세월과 우연과 기적의 축적이고 동일한 우연과 기적이 반복되지 않는 한 공통조상으로부터 인간으로의 진화는 다시 이루어지지 않는다. 동일한 환경과 선택압력과 자연선택의 과정을 재현할 수 없는 한 인간의 진화과정도 재현될 수 없다.

진화론은 약육강식이나 강자의 지배를 정당화하지 않는다. 적자생존은 최강자생존이 아니다. 북극의 흰 곰, 흰 여우, 흰 토끼는 갈색 곰, 갈색 여우, 갈색 토끼보다 강해서 살아남은 것이 아니다. 우연히 북극의 배경색(눈, 얼음)과 같은 흰털을 가졌고, 포식자와 먹잇감의 눈에 잘 띄지 않아서 생존하고 번창한 것이다. 흔히 계급지배, 인종차별, 성차별, 제국주의, 파시즘을 옹호하는 논리로 사용되는 사회다윈주의는 진화론에 대한 오해에서 파생된 것으로 진정한 다윈주의와는 거리가 멀다.

진화가 느리게 일정한 속도로 이루어진다는 것도 흔한 오해다. 물론 부모의 형질은 생식 과정을 통해서만 유전되므로 진화에는 오랜 세대의 누적이 필요하다. 그러나 진화가 항상 일정한 속도로 진행되는 것은 아니다.

자연선택에는 2가지 유형이 있다. 유리한 돌연변이가 일어나면 자연선택은 그 변이를 늘리고 그 결과 종의 형질이 변하고 진화가 일어난다. 반면 불리한 돌연변이가 일어나면 자연선택은 그 변이를 도태시키고 집단 전체의 형질은 변하지 않는다. 안정화 선택이 작용하고 있을 때는 진화가 일어나지 않고 운동성 선택이 작용할 때는 변화가 일어나는 것이다.

성년이 되어서도 유당분해효소가 계속 분비되는 유전적 변이를 살펴보자. 목축과 낙농이 시작되기 전 이러한 유전적 변이는 생존에 불리하고(쓸모없는 유당분해효소를 만들기 위해 몸 안의 에너지를 소비함), 종의 진화는 이루어지지 않는다. 그러나 목축과 낙농이 시작되면서 이러한 유전자를 가진 개체는 보다 많은 영양을 섭취할 수 있어서 생존과 번식에 유리했다. 특히 북유럽처럼 햇볕이 약해 비타민 D가 부족한 환경이나 아프리카 북부처럼 깨끗한 물이 부족한 지역에서는 칼슘이 많고 오염되지 않는 우유를 소화하는 것이 생존에 중요했다. 따라서 그러한 개체는 계속 늘어나고 종의 진화가 일어난다.

진화론이 깊이 뿌리내리지 못한 것은 실은 창조론 때문이 아니라 진화론 자체에 대한 오해 때문인지도 모른다.

닭이 먼저냐 알이 먼저냐

이제 장기미제의 화두로 돌아가 보자. 닭이 먼저냐 달걀이 먼저냐? 우리는 어떤 일의 원인이나 인과관계의 선후, 잘잘못을 따질 때 흔히 그와 같은 질문을 한다.

논리적으로는 정답이 없다. 달걀은 '닭이 낳은 알'이고, 닭은 '달걀이 부화하여 성체가 된 것'이다. 달걀은 닭이 낳고 그 닭은 달걀이 성체가 된 것이고, 그 달걀은 또 닭이 낳은 것이고 그 닭은 그전 달걀이 부화한 것이다. 끝없이 순환, 반복되며 따라서 그 선후를 가릴 수 없다. 마치 원의 시작점이 어디인가를 묻는 것과 같다.

사전적으로는 닭이 먼저라는 주장도 있다. 달걀의 사전적 의미는 '닭이 낳은 알'이고, 닭의 존재를 그 전제로 한다. 그러나 닭의 사전적 설명을 보면 달걀을 전제로 하거나 그에 의존하지 않는다. 따라서 닭이 먼저라는 것이다. 한번 닭의 사전적 의미를 찾아보라.

진화의 관점에서 보면 달걀, 더 정확히 말하면 알이 먼저라고 해야 맞을 것이다. 닭과 비슷하고 꿩이나 기러기와도 비슷한 어떤 새가 어느 날 알을 낳았다. 그런데 생식과정에서 변이가 발생하여 성체가 되어도 날개 부분이 활성화되지 못했고, 주로 땅 위에서 생활하게 되었다. 다행히 날카로운 부리와 발톱은 그대로고 날개의 도움으로 빨리 달릴 수도 있어서 육상생활에 그런대로 적응할 수 있었다. 오늘날 닭의 조상이 된 것이다. 분명 알을 낳은 것은 닭 비슷한 새일 뿐 닭이 아니었으나 성체가 된 것은 닭의 시조이고, 따라서 닭이 아니라 알이 먼저인 셈이다.

이후 야생닭(적색 야계)의 가축화 과정은 회색늑대와 같다. 사람을 겁내지 않는 친화력 좋은 야생닭 몇 마리가 사람 주변으로 다가와 살기 시작했고, 자기들끼리 교미하였으며, 불과 몇 세대 만에 모양이 바뀌고 더 사교적인 존재가 되었다. 털색이 바뀌고, 몸집은 커지고, 뇌는 작아지고, 번식력은 높아졌다. 그리고 어느 날 사람이 던져주는 모이를 따라 울타리 안으로 들어갔다.

생각해보면 닭의 가축화만큼 중요한 사건도 드물다. 우리는 거의 매일 달걀을 먹고, 한 달에 몇 번은 치킨이나 닭요리를 즐긴다. 좀 과장해서 말하면 인간이라는 종은 이제 닭의 항문에 의존하지 않고는 살 수 없는 존재가 된 것이다.

생존과 번식

유전자 전쟁

번식을 위한 생물들의 경쟁은 치열하고 비정하다. 가히 유전자를 위한 전쟁이다. 중앙아메리카의 노래기는 암컷을 수정시킨 후에도 며칠 동안 암컷 몸에 올라타고 다니면서 경쟁자를 물리친다. 몇몇 뱀이나 설치류의 정액에는 짝짓기 후 암컷의 생식관을 막아버리는 물질이 들어있다. 초파리 수컷은 암컷에게 성욕억제제를 주입한다. 실잠자리는 암컷과 교미할 때 음경 긁개로 이전 수컷의 정액을 긁어낸다. 모기는 짝짓기가 끝나면 암컷 생식기에 교미마개를 남긴다. 암사마귀는 짝짓기 후 수컷을 잡아먹고 번식과 생존 문제를 동시에 해결한다.

그뿐인가? 꽃들은 화려한 색깔과 진한 향기, 꿀로 곤충들을 유혹해 꽃가루(유전자)를 퍼뜨린다. 벌난초는 암벌과 닮은 꽃을 피워 숫벌의 교미를 유도하고 꽃가루를 옮긴다. 무화과나무는 달콤한 과육으로 개똥지빠귀를 유인해 씨를 먼 곳에 새똥으로 파종(번식)한다. 감기바이러스는 숙주(사람)로 하여금 기침이나 재채기를 하게 해서 유전자를 전파한다.

새로 우두머리가 된 사자나 침팬지 수컷은 종종 암컷의 새끼를 물어 죽이는데, 이 또한 번식을 위한 영아살해다. 수유기의 암컷을 배란기의 암컷으로 되돌리고자 하는 것이다. 암컷의 저항도 만만치 않아서 새끼를 지키려고 수컷을 공격하거나 무리를 떠나기도 한다.

그중에서도 백미는 뻐꾸기다. 잘 알다시피 뻐꾸기는 다른 새(울새, 딱새, 개개비, 휘파람새)의 둥지에 알을 낳는다. 부화한 뻐꾸기는 다른 알들을 둥지 밖으로 밀어내고, 양부모가 된 새들은 뻐꾸기 새끼를 제 새끼처럼 정성으로 키운다. 도대체 어떻게 된 일일까? 어떻게 이런 비자연적 행동이 이루어질 수 있는가?

뻐꾸기가 자기 알의 색깔과 모양을 양부모의 알과 비슷하게 만들기 때문이라고 한다. 뻐꾸기의 위장능력과 양부모의 식별능력의 싸움인데, 뻐꾸기가 승리한 결과라는 것이다. 뻐꾸기의 위장능력이 더 진화한 것은 위험성의 차이 때문이다. 새끼 식별에 실패한 양부모는 남의 자식을 키우는 수고에 그치는 반면 위장에 실패한 뻐꾸기는 죽음을 면치 못한다는 것이다. 그러나 양부모가 제 덩치보다 훨씬 큰 뻐꾸기를 계속 양육하는 이유와 양부모 새들이 끝내 멸종하지 않은 이유를 설명하기에는 부족하다.

새로운 설명에 따르면 뻐꾸기가 탁란한 둥지 주변에는 양부모 새의 둥지가 또 있다고 한다. 뻐꾸기의 가슴에는 흑백의 가로무늬 모양이 있어서 맹금류의 인상을 풍기는데, 양부모 새들은 그와 같은 뻐꾸기의 위세를 이용해 가까운 둥지에 자기 새끼를 낳고 몰래 자신의 혈연자를 번식한다는 것이다.

모순 또는 길항

생존과 번식은 생물의 본성이자 동물의 기본적인 욕구다. 사람도 누구나 자기 목숨을 유지하고, 자신의 유전자를 남기기를 바란다. 그러나 생존과 번식의 관계가 그렇게 간단한 것은 아니다.

물론 둘은 서로 의존한다. 생존해야 번식할 수 있고, 번식해야 유전자가 계속 살아남는다. 그러나 한편으론 충돌하고 갈등한다. 인간과 동물은 한정된 에너지를 생존과 번식에 나눠 쓴다. 생존만을 위해 에너지를 사용한다면 우리는 더 오래 살 수 있다. 그러나 번식을 희생해야 한다. 번식만을 위해 에너지를 사용한다면 훨씬 많은 후손을 생산할 수 있다. 그러나 일찍 늙고 일찍 죽는다.

생존해야 번식하지만 반대로 죽어야 번식한다. 앞선 개체들이 모두 죽지 않고 살아있다면 뒤에 태어난 개체들이 살아갈 서식지와 양식은 어디서 구할 것인가? 그런 까닭으로 동물은 생식능력이 사라지면 곧 죽는 것이 보통이다.

유전자의 관점에서는 개체의 생사보다 유전자의 전파가 더 중요한 것인지도 모른다. 도킨스에 따르면 우리 몸은 '유전자의 복제 욕구를 수행하는 생존 기계'다. 동물에게 교미는 적잖은 기회비용을 지출하는 행위다. 위험에 노출되기 쉽고, 많은 에너지를 소모하며, 사냥할 시간을 빼앗긴다. 방사 후에는 방출된 정자를 보충하고 새 정자를 만들기 위해 또 많은 에너지가 사용된다. 그럼에도 동물은 번식에 사활적이다.

번식과 양육의 관계도 마찬가지다. 번식이 있어야 양육이 있고, 양육은 번식에 필수적으로 수반되는 행위다. 그러나 너무 많은 번식은 양육의 효율을 떨어뜨린다. 먹이나 자원에 비해 새끼를 너무 많이 낳는 개체는 자식 키우기(살리기)에 실패할 확률이 높고 장기적으로 자신의 유전자를 전달하지 못할 수도 있다. 바다거북이 구덩이에 낳은 알은 대부분 부화되기 전에 잡아먹히고, 요행히 부화한 새끼들은 바다로 가는 중 죽음을 당하고, 바다에 이른 새끼의 상당수는 바닷속 포식자의 먹이가 된다.

번식을 다한 이후에도 오랫동안 생존하는 것은 인간이 거의 유일하다. 유례없이 긴 양육 기간과 대를 이은 양육의 필요 때문이다. 인간은 포유류 중에서도 유태반류에 속하지만 사실은 유대류에 가깝다. 미완성인 채로 출산하여 어미가 주머니에 넣고 더 키워야 하는 캥거루 같은 동물이다. 자기 힘으로 일어서고 걷는 데 1년 이상이 걸리고, 부모로부터 독립하는 데 수십 년이 걸린다. 자녀를 낳아 양육하고 결혼시키고 손자·손녀들까지 부양하다 보면 근 40년을 뒷바라지 하는 것이 부모의 삶이다.

폐경은 개체의 번식종료 선언이다. 폐경은 노산으로 인한 산모와 자녀들의 위험을 원천 차단한다. 어쩌면 개체의 번식종료를 통해 집단(가족) 차원의 양육을 도모하고자 프로그래밍된 것인지도 모른다. 아프리카코끼리 암컷은 50살 정도에 폐경을 맞고 그 후로도 약 10년을 더 사는데 번식능력은 잃었으나 무리를 지키고 보호하는 할머니 역할이 남았기 때문이다.

멧돼지 사냥

수렵·채집시대의 동물사냥이 쉬운 일은 아니다. 사자는 날카로운 발톱과 이빨이 있고, 순간 시속 80km로 달릴 수 있지만 사냥 성공률은 20%를 넘지 않는다고 한다. 사람은 사자보다 느리며, 사슴, 멧돼지, 양, 소 등 사냥감들은 사람보다 빠르다.

그러나 이들 사냥감들은 땀을 잘 배출하지 못해 장시간 달리면 급격히 체온이 올라간다. 반면 사람은 털이 없고 땀으로 체온을 조절할 수 있어서 장거리 달리기에 능하다. 여럿이 무리를 지어 사냥감들을 끈질기게 추적하다 보면 마침내 탈진하거나 심장마비로 쓰러진 동물을 포획할 수 있다.

인류가 달리기에 적합한 능력을 갖춘 것은 호모에렉투스 시절이라고 한다. 호모에렉투스의 짧고 나란한 발가락과 긴 다리와 발달한 엉덩이 근육이 이를 말해준다. 침팬지는 엄지발가락이 사람보다 길고 나머지 발가락과 마주 보고 있어서 걷거나 달리기에 적합하지 않다.

그 시절 수렵 활동은 젊고 건강한 남자들 몫이었다. 그들은 사냥에 성공할 때까지 며칠이고 초원을 헤매고 다니고 밤에는 노숙을 하며 지냈을 것이다. 말하자면 거처를 떠나 상당 기간 다른 남자들과 지내는 것이 흔한 일상이었고, 이것이 오늘날 남자들 외박 습성의 진화적 기원인 셈이다.

온종일 무기력하다가도 해가 질 무렵이면 슬슬 기운이 나는 것은 어떤가? 밤이 되기 전에 수렵과 채집을 완수하고 거처로 안전하게 돌아가는 것이 생존에 무엇보다 중요했을 것이고, 그것이 석양 무렵 막바지 힘을 내도록 하지 않았을까?

그 옛날 우리 조상들이 멧돼지 사냥에 성공했다고 하자. 냉장 보관시설이 없는 당시로는 즉시 여럿이 함께 나눠 먹는 것이 가장 현명하고 유일한 방법이었다. 다음번에 또 사슴 사냥에 성공할 경우에도 마찬가지였다. 그런 의미에서 같은 집단의 구성원은 서로에게 혈육이자 전우이고 냉장고이자 금고였다.

친족집단이라는 혈연관계와 저장 가능성이라는 기술적 이유로 수확물의 공평한 분배가 가능했으며, 인류의 역사에서 나눔이 먼저 진화하고 축적(부)이 나중에 발달한 것이다.

인류는 700만 년이라는 긴 시간 동안 수렵·채집인으로 살았고, 식량을 재배하고 가축을 기른 농업혁명은 불과 약 1만 년 전에 본격적으로 시작되었다. 농업혁명으로 생산량이 증대되고 인구가 대폭 증가하였으나, 반면 각종 전염병과 영양의 불균형, 계급적 불평등, 독재자도 생겨났다.

종의 다양성

생물은 서로 연결되어 있고 영향을 주고받는다. 식물은 광합성 작용으로 산소를 배출하고, 동물은 그 산소를 호흡하며 산다. 식물은 초식동물의 먹이가 되고, 동물(곤충)은 식물의 번식(수분)을 돕는다. 동물들은 서로 먹이사슬로 엮여있고, 다양한 공생·기생 관계를 형성한다.

간단히 식물, 초식동물, 육식동물로 이어지는 피식과 포식의 먹이사슬이 있다고 하자. 그리고 인공적이거나 자연적인 장벽이 있어서 서식지가 한정되어 있고 자유로운 이동이 불가능하다고 해보자.

여기서 어떤 식물(풀)이 멸종하면 그 식물을 먹고 사는 초식동물(가젤)과 그 초식동물을 먹고 사는 육식동물(사자)이 차례로 멸종한다. 반대로 최상위포식자(사자)가 사라지면 초식동물(가젤)이 급증하여 그들이 먹고 사는 식물(풀)이 사라지고 결국 초식동물(가젤)도 멸종한다.

숲과 아카시나무 같은 서식지가 줄어들면 벌이 감소하고 수분매개자인 벌이 사라지면 식물과 농작물이 열매 맺지 못한다. 농작물 생산이 감소하면 가격이 오르고, 식량부족과 영양 불균형으로 각종 질병이 발생하며, 사망자가 증가한다.

종의 다양성은 생물의 기본성질이자 경향이다. 생물은 변이와 자연선택을 거쳐 진화한다. 가지 하나가 두 개로 갈라지고 또 거기서 잔가지가 갈라지듯 생명의 나무는 계속 가지를 치고 종은 갈수록 증가한다.

현존하는 동물 중에서 종이 가장 다양하고 개체 수가 많은 것은 곤충이다. 동물 종의 약 80%를 차지한다. 곤충이 이처럼 번성한 것은 몸체가 작고, 쉽게 이동할 수 있기 때문이다. 적게 먹고 적게 싸며, 날아다닐 수 있어서 포식자를 피하고 먹이를 찾아 이동하는 것이 원활한 것이다.

종 내 다양성도 마찬가지다. 종의 유전자가 한 가지밖에 없다면 환경변화에 대처할 수 없고, 소멸하게 된다. 빙하기가 닥치면 얼어 죽고 고온이 지속되면 더워죽는다. 특정한 전염병이 창궐하면 모두 멸종한다. 유전자가 동일한 일란성 쌍둥이는 같은 질병에 걸리거나 같은 이유로 사망하는 경우가 많다.

세포분열로 번식하는 세균의 나이는 이론적으로 38억 살이다. 자기 유전자의 100%를 복제하여 번식하므로 모든 개체가 죽지 않는 한 죽지 않는다. 반면 유성생식하는 개체는 무성생식하는 개체와 달리 자기 유전자의 50%만 전달한다. 그럼에도 지구상에 존재하는 종들의 압도적 다수가 유성생식을 한다. 무성생식에서 유성생식으로 진화한 것은 유전자를 섞어서 다양성을 확보하기 위해서이다. 유전자를 무작위로 섞어서 새로운 조합을 만들어내는 것이 부단히 변화하는 환경에 유리하며 종 전체의 생존 가능성을 높인다.

지렁이, 달팽이, 거머리 같은 자웅동체의 동물도 대부분 다른 개체와 짝짓기를 통해 번식한다. 초파리부터 설치류와 영장류에 이르기까지 거의 모든 동물들에서 근친교배 기피 현상이 나타나는 것도 그 때문이다. 근친교배는 유전적 다양성을 훼손할 뿐 아니라 각종 유전질환을 초래할 위험이 있다.

여러 갈래로 얽히고설킨 그물이 튼튼하듯 생물종이 다양할수록 생태계는 더 안전하고 튼튼하다.

인생의 의미

야생의 자연에 약육강식과 비정한 생존경쟁만 있는 것은 아니다. 평화와 휴식과 사랑과 게으름과 놀이도 있다. 아프리카 초원에서 어느 야생 침팬지 한 마리가 시간 가는 줄 모르고 저녁노을을 바라보는 낭만적인 장면도 목격되었다.

인간의 모든 행동이 생존과 번식, 진화론으로 설명되는 것은 아니다. 우리는 생존(번식)과 직접 관련이 없거나 오히려 그에 불리한 행동들도 자주 하면서 산다. 몸에 해롭다는 술· 담배를 하고, 번식에 무용한 자위행위를 하며, 목숨을 걸고 암벽타기와 익스트림 스포츠를 즐긴다.

그러나 이러한 행위들이 전적으로 적응과 무관한 것은 아니다. 많은 스포츠들은 수렵과 채집, 놀이의 변형이다. 놀이는 신체를 단련하고 협동능력을 키우며 스트레스를 줄이고 면역력을 강화한다. 놀이를 하면 뇌 속 보상중추가 활성화되고 쾌감을 느낀다. 한마디로 생존에 유익하다.

위험한 스포츠는 수컷들의 뽐내기, 짝 획득과 관련이 있다. 남자 스키(하프파이프) 선수들은 동성보다 이성의 관중이 지켜볼 때 테스토스테론이 솟구치고 더 높이 뛰어오른다. 자위행위는 정자를 새롭고 건강한 것으로 교체함으로써 번식에 유용하며, 술· 담배도 일시적이나마 위안과 만족, 쾌감을 준다.

하나의 동물로서 인간에게 가장 중요한 것은 물론 생존과 번식이다. 인생에 그 어떤 미사여구를 갖다 붙이더라도 하루 세끼 밥 먹고 연애하고 결혼하고 아이 낳고 양육하고 때가 되면 죽는 것을 빼고 인생을 논할 수는 없다. 어린 아이를 키우거나 노부모를 두고 있는 사람이라면 잘 먹고, 잘 자고, 잘 싸는 것과 같은 당연하고 사소한 것들이 실은 얼마나 중요하고 본질적인 것인지 깨닫게 된다. 명절 금지 목록에 오른 어른들 이야기들도 대부분 생존과 번식, 유전자의 전파와 관련된 것들이다. '취직을 해야 할 텐데', '사귀는 사람은 있니', '언제 결혼할 거야', '아기 소식은 없니'

그러나 생물들은 존재 자체가 목적이다. 살기 위해서 산다. 목적과 수단이 같다. 그러나 사람은 그것으로 만족하지 못한다. 왜 사느냐는 물음에 단지 '생존과 번식을 위해서'라고 답하는 사람은 없다.

우리는 삶의 목적과 가치를 추구한다. 내가 세상에 태어난 이유는 무엇인가? 어떻게 사는 것이 인간답게 사는 것인가? 어떻게 죽을 것인가? 그 의미는 각자 다르겠지만 이것이 없다면 인간 고유의 삶이라 할 수 없다. 그렇게 보면 우리 인생이란 생존과 번식, 그리고 '의미 찾기'라 할 수 있다. 삶을 위해 삶의 목적을 포기하지 말라고 하지 않는가?

남자 vs 여자

금기사항

같은 내용의 이력서에 이름만 남자, 여자로 달리 기재하여 지원자를 평가하도록 하는 실험이 있었다. 과학 분야 교수 여러 명에게 실험실에서 함께 일할 대학원생들을 평가해달라는 것이었다. 그 결과 교수들은 남자 이름을 가진 지원자의 능력을 더 높게 평가하고, 고용의사도 컸으며, 평균 연봉도 더 높게 책정하였다. 놀라운 것은 여자 교수들의 답변도 남자 교수들과 거의 차이가 없었다는 것이다.

남녀 문제를 이야기하는 것이 쉬운 일은 아니다. 사람은 누구나 남자 아니면 여자이고 따라서 이 문제에 관한 한 우리는 모두 당사자일 뿐 제3자가 아니기 때문이다. 그만큼 객관적이고, 공정하기 어렵다. 가사노동에 관한 설문조사를 하면 남녀 공히 여성들이 집안일을 더 많이 한다고 답변한다. 그러나 세부항목(예를 들어, 설거지)에 대한 각자의 기여비율을 합하면 대개 100%가 넘는다. 남녀 모두 자신의 기여비율을 더 높게 생각하는 것이다. 기억은 그만큼 주관적이고 자기중심적이다.

역사 시대 5,000년 동안 여성이 선거권을 가진 것은 불과 100년이 되지 않는다. 인구의 절반이 여성이지만 그들은 늘 대표되지 못하거나 과소 대표되었다. 스위스의 어느 작은 주(아펜첼이너로덴)에서는 1991년이 되어서야 비로소 여성의 참정권(투표권)이 보장되었다. 많은 개선이 있었지만 현재도 고용과 임금, 승진에서의 차별과 육아·가사노동의 불평등이 곳곳에 존재한다.

이처럼 갈등과 불평등이 여전한 상황에서 남녀의 차이를 이야기하는 것은 자칫 차별을 정당화하는 논리로 들리기 쉽다. 오죽하면 아내와 딸과(반대로 남편과 아들과) 얼굴 붉힐 각오가 아니라면 함부로 남녀 문제를 논하지 말라는 이야기가 있겠는가?

그러나 사실문제와 가치판단은 다르다. '남녀는 다르다'는 말이 '남녀는 달라야 하고, 차별적으로 취급되어야 한다'는 뜻은 아니다. 그것은 마치 '생존과 번식이 생명체의 본성'이라고 해서 절도와 간통과 강간을 정당화하는 논리가 될 수 없는 것과 같다. '이기적 유전자론'을 주장한 도킨스는 바로 그 이유 때문에 우리가 이타주의를 가르쳐야 한다고 주장한다.

다름을 아는 것에서 지식은 출발하고, 같음을 아는 것에서 지식은 완성된다. 같음을 모르는 것이 무지인 것처럼 차이를 모르는 것도 무지다. 유비(類比)는 학문의 기본이다.

제3의 성

그런데 왜 인간은 남자 아니면 여자일까? 남자이면서 여자이거나 남자도 아니고 여자도 아닌 제3의 성은 존재할 수 없는가?

지렁이나 달팽이는 한 개체가 두 생식기관을 모두 가지고 있는 자웅동체다. 곰(먹)장어는 몸속에 정소와 난소를 모두 가지고 있어서 난소가 발달하면 암컷, 정소가 발달하면 수컷이 되고, 모두 발달하면 자웅동체가 된다. 도마뱀 같은 파충류는 수컷이 없으면 암컷 혼자 알을 낳아 새로운 개체를 만든다. 농어는 자웅동체로서 알을 낳고 정자를 뿌리는 암수의 역할을 교대로 수행한다.

동물 세계에서는 동성애도 흔히 발견된다. 침팬지나 보노보 같은 영장류가 동성애 경향이 있다는 것은 앞서 본 바와 같다. 소와 사슴의 일부 종들도 겨우내 암수 따로 무리를 짓고, 수컷들끼리 성관계를 맺는다. 알바트로스 같은 바다새들도 동성 커플이 있다. 사람은 약 5~15% 정도가 동성애자이거나 동성애 성향을 보인다고 한다.

동성애의 주된 원인은 유전적 성향이다. 정신적 질병이나 일탈이 아니라 생물학적 변이의 결과다. 그러나 동성애를 유전적 성향이 아니라 사회제도 특히 일부다처제의 간접결과로 보는 사람도 있다. 이성의 짝을 만나지 못한 무리는 동성애로 친밀감을 표시하고 성적 욕구를 해결한다는 것이다.

동성애의 진화적 이점으로는 '친족부양'이 꼽힌다. 자기 배우자와 자식에게 자원을 투자하는 대신 형제(자매)를 돕고 조카를 지원하여 친족 전체의 적응(생존)도를 높인다는 것이다. 개체 적응이 아니라 집단 적응이고, 번식전략이 아니라 생존전략이다. 그러나 동성애 유전자를 가진 개체가 번식에 불리하고 장기적으로 도태되기 쉬운 것도 엄연한 사실이다.

사람을 포함한 포유류에서도 간혹 암수의 특성, 심지어 암수의 생식기를 모두 가진 간성 형태가 나타난다. 남녀의 성은 염색체(XY, XX), 호르몬(남성호르몬, 여성호르몬), 생식기관(고환, 난소), 생식기(음경, 질), 신체 특징 등 여러 기준을 종합하여 구분되는데, 유전적 문제로 인해 이들 요소 간에 불일치, 부조화가 발생하는 것이다. 예를 들어 염색체(유전자) 수준에서는 여성이지만 남성호르몬이 과다 분비되고 남자의 생식기가 생기는가 하면 반대로 유전자 수준에서는 남성이나 여성호르몬이 과다 분비되고 여성의 신체 특징이 나타나는 것이다. 이들은 주된 성 정체성에 따라 성전환수술을 하고 호르몬 치료를 받지만 정자와 난자를 정상적으로 생산하지 못해 번식에는 성공하지 못한다.

화성남자 금성여자

남자와 여자는 다르다. 한때 '화성에서 온 남자 금성에서 온 여자'라는 책이 화제가 된 적도 있다. 그만큼 이질적인 부분이 많다는 것이다. 남녀의 유전자구조 차이가 약 1% 정도라는 보고도 있다. 인간과 침팬지의 유전자 차이가 1.6% 정도라는 것을 생각하면 결코 적지 않은 차이다.

먼저 남녀의 체형을 보자. 남자는 어깨가 넓고 골반이 좁다. 반면 여자는 어깨가 좁고 골반이 넓다. 남자는 사냥과 일, 달리기에 적합한 체형이고, 여성은 생식과 양육에 적합한 체형이다.

여성의 허리와 엉덩이 비율은 대략 7:10이고 남성은 9:10이다. 허리와 둔부의 비율은 번식력과 상관관계가 있다. 여성의 허리 비율이 10% 증가하면 수태율은 30% 감소한다고 한다. 젊은 여성들 사이에서 배꼽티가 유행하는 이유도 그 때문이다. 은근히 자신의 젊음과 번식력을 과시하는 것이다. 콜라병(모래시계) 몸매는 에스트로겐 수치가 높은 여성에게 많다.

검지와 약지를 비교해보면 남성은 평균적으로 약지가 길고, 여성은 평균적으로 거의 동일하다. 약지가 길수록 남성호르몬(테스토스테론) 수치가 높고 남성적이며, 검지가 길수록 여성호르몬(에스트로겐, 프로락틴)의 수치가 높고 여성적이다. 침팬지와 보노보의 검지 대 약지 비율을 측정한 결과 공격성이 강한 침팬지는 약지가 길었고 친화력이 좋은 보노보는 약지가 길지 않았다.

남자아이들은 자동차, 총(칼), 구성놀이, 축구, 컴퓨터를 좋아하고 여자아이들은 인형, 장신구, 가장(역할)놀이, 동물, 사람을 좋아한다. 자동차(트럭)를 좋아하는 것은 사냥, 달리기와 연관이 있고, 인형을 좋아하는 것은 육아 연습과 관련이 있다.

남자는 체계화 능력이 뛰어나고 여성은 공감 능력이 뛰어나다. 남성은 공간 감각이 좋고 여성은 언어 능력이 좋다. 남성은 갈등이 생기면 '싸움 아니면 회피' 성향을 보이고, 여성은 '화해 또는 해결' 성향을 보인다. 남성은 수렵의 영향으로 직진 시야가 발달하고, 여성은 채집과 육아의 영향으로 주변 시야가 발달했다. 남성(아버지)은 자식의 성취를 기뻐하고 여성(어머니)은 자식의 기쁨을 기뻐한다. 남성은 발로 살고, 여성은 손으로 산다. 남자는 몸으로 싸우고 여자는 말로 싸운다.

남자는 예쁜 여성을 좋아하고 여자는 성공한 남성을 좋아한다. 남성은 상대방의 젊음과 신체조건을 배우자의 중요한 조건으로 삼고, 여성은 상대방의 지위와 수입 잠재력을 중요한 배우자의 조건으로 평가한다. 남성은 배우자(애인)의 성적 일탈에 더 분노하고, 여성은 배우자(애인)의 정신적 일탈에 더 분노한다. 남성은 '부계 불확실성'을 염려하고, 여성은 '자원공급'을 염려한다.

물론 지금까지 말한 남녀의 차이는 평균적, 일반적으로 그렇다는 것일 뿐 누구나 예외 없이 그렇다는 말은 아니다. 현실에서는 남자 같은 여자도, 여자 같은 남자도 얼마든지 있다.

DNA와 사회문화적 환경

남성과 여성의 이러한 성차는 타고나는 것인가 아니면 만들어지는가? DNA 때문인가, 사회문화적 환경 탓인가? 남자아이는 본래 파란색을 좋아하고 여자아이는 분홍색을 좋아하는가 아니면 그렇게 키워지는가?

정답은 둘 다다. 페미니스트들은 문화적 환경을 주된 이유로 거론하지만 소질과 DNA 차이도 분명 존재한다. 출생한 지 하루밖에 되지 않은 아이들도 여자 아이는 사람 얼굴을 더 오래 보고, 남자아이는 모빌을 더 오래 본다. 수컷 긴꼬리원숭이는 장난감 자동차를 더 좋아하고, 암컷은 인형을 더 좋아한다. 비비원숭이와 붉은털원숭이도 수컷들은 거친 놀이를 좋아하고 암컷들은 새끼 돌보기에 흥미를 보인다. 이처럼 출생 첫날부터 남녀 차이가 나타나고, 동물들에서도 그 차이가 발견되는 것은 생물학적 요인 말고는 설명할 수 없다. 문화와 학습이 개입할 여지가 없기 때문이다.

동물의 행동이 본능에 따른 것인지 학습된 것인지 논란이 적지 않지만 두 가지 모두 영향을 미치며 유전자의 힘은 의외로 크다. 거미는 배우지 않고도 정교한 거미줄을 처음부터 완벽하게 만들고, (암컷)나나니벌은 고아(알)로 태어나서 고아(알)를 낳고 죽어도 일생의 일을 막힘없이 해낸다. 암호화된 유전자의 작용(발현) 때문이다.

여성이 분홍색을 좋아하는 것은 잘 익은 과일을 발견하고 수집하던 채집시대의 산물이고 오랜 진화의 결과다. 인간은 망막에 세 가지 원추세포(적색, 녹색, 청색)가 있는데 적색, 녹색 광색소 유전자는 성염색체인 X 염색체에 존재하고 청색 광색소 유전자는 상염색체인 7번 염색체에 존재한다. 남성(XY)은 어머니로부터 물려받은 하나뿐인 X 염색체의 색조가 전부인 반면, 여성(XX)은 부모로부터 물려받은 복수의 X 염색체의 색조와 조합을 모두 가진다.

여성들이 색에 민감하고 옷을 고르는데 까다로운 것도, 낯빛으로 거짓말을 탐지하는 능력이 뛰어난 것도 다 이유가 있다. 여성보다 남성에게 색맹이 많은 이유도 그 때문이다. 여성들은 유전자 변이에 의해 기본적인 세 가지 원추세포 외에 4색각, 5색각의 원추세포가 발현될 수도 있다고 한다.

남성보다 여성이 표정언어, 몸짓언어에 익숙한 것은 양육과정에서 아이와의 비언어적 소통 경험이 많기 때문이다. 어머니는 같은 울음소리도 배고파서 우는 것인지, 놀라서 우는 것인지, 아파서 우는 것인지 간파해야 한다. 음소거한 영화를 보여주고 그 상황과 대화 주제를 맞춰보라고 하면 여성이 남성보다 두 배 이상 정확하다. 사람의 눈 주변만 찍은 사진을 보여주고 그 사람의 심리상태를 맞춰보라고 하면 여성들이 남성보다 훨씬 정확하게 판단한다.

남자 젖꼭지

사람은 남성이 XY 염색체를, 여성이 XX 염색체를 가지고 있다. 그러나 새는 알을 낳는 암컷이 XY 염색체를 가지고 있고 수컷은 XX 염색체를 가지고 있다. 동물의 세계에서는 암수의 구별이 절대적이지 않은 경우가 꽤 있다. 거북이나 악어는 알이 부화되는 둥지 온도에 따라 성별이 결정된다. 악어는 둥지가 따뜻하면 수컷이 되고 차가우면 암컷이 되며, 거북이는 반대로 둥지가 따뜻하면 암컷이 되고 차가우면 수컷이 된다. 산호초 주변의 작은 물고기(양놀래기과)는 전부 암컷으로 태어났다가 주변에 수컷이 없으면 가장 지배력 있는 암컷이 수컷으로 변하고, 이 수컷이 죽으면 같은 과정이 반복된다.

여성의 젖가슴은 통상 '수유기관'으로 인식된다. 아이에게 젖을 먹이도록 발달한 신체기관이란 말이다. 그러나 침팬지의 젖가슴이 납작하고 꼭지가 크고 긴 반면, 사람의 젖가슴은 큰 반구형이고 꼭지가 작다. 아이가 빨기 어렵고 질식의 염려도 있어서 수유에 부적당한 모양새다. 여성의 가슴이 기본적으로 수유기관이라면 이처럼 불합리하게 진화할 이유가 없고 따라서 여성의 가슴은 본질적으로 '성애(性愛)기관'이라는 주장이 대두된다.

더 기이한 것은 남자 젖꼭지다. 수유기능이 없고 어쩌면 전혀 불필요한 것으로 보이기도 한다. 도대체 남자 젖꼭지는 왜 달려있는 것일까? 물론 젖꼭지로 발현될 기본 유전자(정보)를 남자도 가지고 있기 때문이다. 그렇다면 왜 그런 기본 유전자가 존재하는가? 남자에게도 유선(젖샘)이 있고 인위적으로 조건을 만들면 젖이 분비될 수 있다. 어쩌면 수유기능이 처음부터 아예 없었거나 불가능했던 것이 아니라 자연선택의 결과 수유기능이 점차 퇴화된 것일지도 모른다. 닭의 날개나 고래의 골반처럼 일종의 흔적기관으로 남은 것일 수 있다는 말이다. 생명의 기본형은 여성이고, 사람은 배아에서 태아로 막 변화할 시점에는 모두 여아의 형태라고 한다.

최소(차등적) 부모투자

누군가 당신에게 원나잇스탠드를 제안했다고 하자. 당신은 그 제안을 받아들일 것인가 거절할 것인가? 당신은 남자인가, 여자인가?

해답은 '최소(차등적)부모투자이론'에 있다. 번식에 있어서 암수의 투자 차이에 관한 이론이다. 번식과정에서 수컷이 하는 일이란 통상 정자의 제공이 전부다. 그러나 암컷은 긴 시간 동안의 임신과 출산, 그리고 양육의 고통을 감내한다. 일부 어류에서 암수의 역할 교대가 가능한 것은 체내수정이 아니라 물속에서 체외수정을 하기 때문이다. 그 때문에 임신, 출산, 양육에서 암수의 투자 차이가 적고, 상호대체가 가능한 것이다.

초당 3,000개씩 생산되는 남자의 정자에 비해 평생 배란되는 여성의 난자 수는 약 400개 정도다. 난자는 정자 크기의 2만 배에 달한다. 한마디로 남성은 작은 정자를 끊임없이 만드는 반면 여성은 큰 난자를 적게 생산한다. 희소가치가 다르고 값이 같을 수가 없다.

따라서 성선택에 있어서는 암수의 전략 차이가 뚜렷하다. 수컷은 적극적이고 암컷은 신중하다. 수컷은 경쟁하고 암컷은 선택한다. 수컷의 짝짓기 성공률 편차는 크고, 암컷은 작다. 수컷 하나가 다수의 암컷을 차지하는가 하면 짝짓기에 실패하는 수컷도 많다. 그러나 암컷은 경쟁에서 승리한 수컷의 바람기로 인해 짝짓기에 실패하는 경우도 적다.

한마디로 수컷은 싸고, 암컷은 비싸다. 결혼할 때 신부대금을 주는 풍습이 전 세계 2/3 나라에 존재한다. 그러나 여성의 지참금 문화는 4% 정도에 불과하다. 즉석 섹스 제안에 남자의 70%는 찬성하지만 여성의 거의 전부는 이를 거절한다. 남자는 섹스 전에 '사랑해'라고 말하고, 여성은 섹스 후에 '사랑해'라는 말을 좋아한다.

자극적 사진을 보면 누구나 동공이 커지는데 남성은 주로 여성 사진을 보면 동공이 커지고, 여성은 엄마와 아기가 함께 있는 사진을 보면 눈동자가 커진다. 애인이나 배우자와 함께 걸을 때조차 맞은 편 여성에게 힐끗 눈길을 주는 주책없는 존재가 남성이다.

남자는 자기 이야기, 여자는 남 이야기

명금류(참새목의 노래하는 새들) 연구자에 따르면 수컷의 노래가 암컷보다 더 정교하고, 관련된 세포도 크다고 한다. 수컷끼리 경쟁적으로 암컷을 유혹하다 보니 그렇게 진화한 것이다. 더 정확히 말하면 아름답고 정교한 노래를 부르는 수컷이 살아남고 번식에 성공하여 지배적 형질이 된 것이다.

성 선택이란 짝짓기(번식)에 유리한 형질로의 종의 변화를 말한다. 주로 수컷은 경쟁하고 암컷은 선택하는 메커니즘이 작동한 결과 수컷이 암컷에 비해 크고 화려하게 진화했다. 반대로 수컷이 임신하고 육아하는 해마, 실고기, 지느러미발도요(새)는 암컷이 경쟁하고 수컷이 선택하며, 따라서 이들은 암컷이 수컷보다 화려하다.

세간에 '남자는 자기 이야기를 좋아하고, 여자는 남 이야기를 좋아한다'는 말이 있다. 사람마다 정도의 차이가 있어 일반화하기는 어렵지만 전혀 근거 없는 말은 아니다. 어느 연구에 따르면 남자는 '나'라는 말을 많이 쓰고 여자는 '우리'라는 말을 많이 쓰며, 남자는 '사물'과 '체계'에 대해서 이야기하기를 좋아하고 여자는 '사람'과 '인간관계'에 대해서 이야기하기를 좋아한다고 한다.

자기 이야기란 곧 자기를 드러내고 뽐내는 경쟁이고, 남 이야기란 선택의 전제조건인 평가하고 판단하는 일이다. 수컷은 경쟁하고 암컷은 선택하는 진화의 법칙이 인간사회에도 여전히 남아있는 셈이다. 남자들의 군대 이야기나 축구 이야기도 마찬가지다. 모두 자기의 힘과 경험과 고생을 뽐내는 남자들의 자기 자랑이다.

그렇다면 오늘날 여성들이 외모에 더 신경 쓰고 치장하는 것은 어떻게 설명할 수 있을까? 화장이나 미용, 다이어트, 성형수술 같은 것 말이다. 성간 선택에서 여성(암컷) 주도권 문제는 주로 일부다처제의 산물이다. 그러나 인간은 700만 년 전부터 독립적인 진화과정을 거쳤고 점차 일부일처제를 정착시켰다. 그리고 주지하듯이 일부일처제의 인간사회에서는 하나뿐인 잠재적 배우자를 위해 남녀(암수) 모두 치열하게 경쟁하고 또 선택한다. 우리의 심리와 행동 속에는 일부다처제의 유산과 일부일처제의 유산이 혼재되어 있는 셈이다.

내 거인 듯 내 거 아닌

자식이 뭐길래

사람이 자기의 죽는 시기를 스스로 선택할 수 있을까? 여기서 말하는 죽음은 자살과 같은 극단적 선택이나 스스로 사지에 뛰어드는 것과 같은 행위를 말하는 것이 아니다. 자연적인 죽음에 이르러 조금 빨리 삶의 끈을 놓아버리거나, 의지력으로 생명을 좀 더 연장할 수 있는가 하는 것이다.

죽어 본 사람이 없는 이상 단언할 수 없는 일이다. 물론 세상에는 죽었다 살아났다고 주장하는 사람도 있다. 그들은 자신이 체험한 사후세계를 생생히 증언하기도 한다. 영혼이 신체로부터 분리되는 느낌을 받았다거나 빛이 쏟아지는 터널을 통과했다는 이야기 등이다. 이른바 임사체험이다.

그러나 임사체험이란 엄밀히 말하면 진짜로 죽었다 살아난 것이 아니라 죽음이 임박한 상태에서 발생하는 뇌의 이상 반응이다. 공간 감각과 자아 이미지를 관장하는 측두정엽이 충격을 받거나 전기적 자극을 받으면 그와 같은 착각이 발생한다고 한다. 심정지로 뇌에 산소와 혈액이 공급되지 않아 뇌사가 진행되는 짧은 시간 동안 뇌에서 일어나는 전기자극으로 인한 환각 같은 것이라는 말이다. 심폐소생술로 심장이 다시 작동하고 사경에서 벗어난 사람이 그 이상 반응과 착각을 마치 사후세계인양 증언하는 것이다.

죽음의 일반적 원인은 세포의 노화다. 세포의 노화가 각 기관의 기능 저하와 신체 전반의 노쇠화를 초래하고 결국 사람을 죽음에 이르게 하는 것이다. 그런데 젊어서는 강한 재생성과 회복성을 갖는 세포가 왜 나이가 들면 더 이상 분열하지 않고 사멸할까? 세포분열을 돕는 텔

로미어가 계속 짧아지고 없어지기 때문이라는데 왜 텔로미어는 계속 짧아지는가? 현재로선 생애 후반부에 노화와 죽음을 유발하는 유전자가 발현되도록 그렇게 설계되고 시간표가 작성되었다고 말할 수밖에 없을 것이다.

사람도 하나의 생명체이자 동물인 이상 생사 자체를 초월할 수는 없다. 그러나 자기 죽음의 시기를 얼마간은 통제하고, 선택할 수 있다. 인간은 의지의 동물이고, 간절한 마음은 몸에 영향을 미친다.

중국의 통계 중에 명절(중추절) 전(前)주의 사망률은 35% 하락하고, 명절 다음 주의 사망률은 35% 증가한 기록이 있다고 한다. 명절에 자녀와 형제자매를 한 번이라도 더 보고 죽으려는 염원과 의지가 만들어낸 현상으로 해석된다. 어쩌면 며칠을 더 버티기 위해 그들은 마지막 남은 생의 에너지를 전부 소진했을지도 모른다.

도대체 자식이 뭐길래, 형제자매가 뭐길래 사람은 자기 죽음의 시기까지 조절할 수 있을까?

유전적 근연도

자녀는 부모로부터 각각 50%의 유전자를 전달받는다. 따라서 부모와 자식은 50%의 유전자를 공유한다. 일란성 쌍둥이를 제외한 형제·자매들끼리도 약 50%의 유전자를 공유한다. 조부모와 손자·손녀의 유전자 공유비율은 25%이다.

혈연끼리 유전적으로 얼마나 가까운가, 같은 유전자를 얼마나 공유하고 있는가를 나타내는 것이 유전적 근연도이다. 계산방법은 어렵지 않다. 직계혈족은 (1/2)의 n(촌수)승이고, 방계혈족은 거기에 2(공통

조상)를 곱한다. 예를 들어 4촌 형제의 유전적 근연도는 2(할아버지, 할머니)×(1/2)의 4승이다. 즉 1/8의 유전자를 공유한다. 직계혈족인 증조할아버지와 나는 (1/2)의 3승, 즉 1/8의 유전자를 공유한다. 우리 법은 8촌 이내의 근친 간의 혼인을 부인하는데, 8촌이면 1/128의 유전자를 공유하며 따라서 '지나가는 행인'과 같고, 무시해도 좋을 정도라는 것이 법의 판단이다.

자식과 부모와 형제는 모두 나와 50%의 유전자를 공유하는 존재들이다. 그러나 애정의 순서와 강도는 동일하지 않다. 이들이 모두 물에 빠졌다면 당신은 누구부터 구할 것인가? 애정은 대체로 자식, 부모, 형제 순으로 퍼지고 그 강도는 같은 순서로 약해진다. 부모·자식은 보호·양육 관계지만 형제자매는 부모자원을 두고 경쟁하기 때문이다. 유전자의 보전과 전파라는 관점에서도 일반적으로 번식 가능성이 높은 자식 쪽을 구하는 것이 유리하다.

한 가지 추가로 살펴볼 것은 부계 불확실성의 문제다. 모자관계는 임신과 출산 자체로 확정되는 반면, 부자의 혈연관계는 불확실하다. 아버지의 약 3%는 남의 자식을 키운다고 한다. 그러한 경우 어머니와 자식의 유전자공유율은 50%인 반면, 아버지와 자녀의 유전적 근연도는 0%다. 대체로 부계보다는 모계, 조부모보다는 외조부모, 삼촌보다는 외삼촌, 고모보다는 이모의 지원과 투자가 더 큰 것은 부계 불확실성과 관련이 있다. 아버지를 빼닮은 자녀는 부계불확실성을 제거하며 생존에 유리한 형질이다.

물론 부모자식이나 형제자매가 각별한 이유가 유전자 때문만은 아니다. 함께한 시간과 노력과 사랑과 추억도 작용한다. 그러나 그러한 시간과 노력, 기억들 또한 같은 가족, 혈연이기 때문에 가능한 것들이다.

개체는 생존에 취약하다. 하나보다는 둘, 둘보다는 셋이 사냥을 하고, 포식자로부터 자기를 방어하는 데 유리하다. 특히 유아와 노약자, 무능력자는 개체로는 생존 자체가 어렵다. 우리는 가족 단위로 생존하고 번식한다. 변이는 유전자 단위에서 일어나고 자연선택(적응)은 개체단위로 이루어지며 진화는 종 단위로 진행되지만 적어도 인간에게 있어 그 토대는 가족집단이다. 가족이 튼튼하면 어떻게든 살아갈 수 있고, 다시 일어설 수 있다.

자원경쟁

가족은 유전자공동체로 보이지만 정작 그 핵심인 부부는 아무런 유전적 연결이 없다. 부부는 무촌이다. 뿐만 아니라 성별이 다르고, 자라온 환경과 성격과 가치관과 취향도 모두 다르다. 전혀 다른 두 개의 세계가 서로 부딪히고 적응하고 진화하는 과정이 부부관계의 본질이다. 갈등과 분쟁이 없을 수가 없다.

무조건적인 사랑이 지배할 것 같은 부모와 자식도 생존과 번식을 위해 서로 갈등한다. 9개월의 임신 기간은 조금 더 늦게 세상에 나가려는 아이와 빨리 내보내려는 엄마의 줄다리기요, 타협이라고 할 수 있다.

자식은 부모가 모든 자원을 자기에게 투자하기를 바란다. 아이가 울어대는 것도, 방긋방긋 웃는 것도, 예쁜 짓을 하는 것도 모두 투자유치를 위한 몸짓이다. 그러나 부모는 더 많은 유전자를 전파하고, 가용자원을 효율적으로 사용하고자 한다. 유전자의 관점에서 보면 하나(50%)보다는 둘(100%), 둘보다는 셋(150%)이 훨씬 큰 성공이다. 모든 새끼를 살릴 수 없다면 생존과 번식에 가장 유리한 합리적인 선택을 해야 한다.

젖떼기는 그 상징적 갈등이다. 수유와 수태는 상극이다. 젖을 먹이는 일은 어미의 뼈속 칼슘과 에너지를 소진시키고, 번식을 방해한다. 수유 중에는 배란이 잘되지 않으며 다시 가임 상태로 전환하려면 젖을 떼야 한다. 포악한 수컷 침팬지가 영아살해를 기도하는 것은 이들 유인원의 수유 기간이 길면 4~5년에 이르기 때문이다. 다행히 자연(선택)은 새끼가 커감에 따라 점차 유당분해효소(락타아제)가 줄고 젖을 먹으면 배앓이를 하도록 하여 번식을 돕는다.

형제들은 유전자의 50%를 공유하며 서로 돕고 협력한다. 그러나 때로 치열하게 갈등하고 경쟁한다. 형제자매의 경쟁은 부모투자를 둘러싼 자원확보 경쟁이다. 새끼 돼지들은 어미의 앞쪽 젖꼭지를 차지하기 위해 서로 싸우고, 아기새들은 부모가 물고 온 벌레를 먼저 먹으려고 입을 쩍쩍 벌린다. 점박이하이에나는 어미 젖이 부족하면 경쟁자인 다른 형제를 죽이기도 한다.

부모 자식은 젖 떼기 같은 자원경쟁을 하지만, 세대를 건너뛴 할아버지, 할머니와 손자, 손녀 간에는 자원경쟁이 없다. 이들은 유전자의 1/4를 같이하며, 따라서 갈등이 없고, 사이가 좋다.

양육본능

우리는 음식을 먹으면 즐겁고, 섹스를 하면 쾌감을 느낀다. 생존과 번식에 유리한 행위에는 이처럼 쾌감이라는 보상이 따른다. 그래야 그런 행동을 더 많이 하고 잘 생존하고 번식할 수 있기 때문이다. 배가 고프면 우울하고 화가 나는 것도, 성적 욕구가 좌절되면 스트레스를 받는 것도 같은 이유다.

아이를 키우는 일도 마찬가지다. 양육은 생존과 번식에 필수적인 행위이며, 따라서 기쁨과 행복, 보람을 가져다준다. 늦둥이를 둔 부모가 더 오래 사는 것은 양육의 행복과 책임감 때문이다.

모유수유를 하면 엔도르핀이 더 잘 분비되고 아이에게도 만족감과 편안함을 준다. 모유 속 항체가 아이의 면역계 형성을 도와 아이를 더 건강하게 한다. 모유수유를 하지 않은 아이의 성년흡연율은 다른 아이의 세 배 이상이라고 한다. 아이를 안고 있으면 옥시토신이라는 호르몬이 뇌와 혈관에 분비된다.

어머니의 80%는 왼쪽에 아이를 눕힌다. 심장이 왼쪽에 있기 때문이다. 태아일 때부터 아이는 어머니의 심장 박동소리를 듣고 그 소리에 각인되어 심장소리를 들으면 안정감을 느끼고 덜 보챈다. 엄마도 아기가 편안해하는 것을 알기 때문에 왼쪽에 아이를 안는다.

아직 어른이 되지 못한 붉은털원숭이 암컷은 본능적으로 새끼원숭이들에게 끌린다. 만져보고, 핥고, 품에 안기 위해 안달이다. 그런 기회를 얻을 수 있다면 새끼의 친어미에게 아부하고 털을 골라주는 행위도 마다하지 않는다.

우리에게는 양육본능이 있다. 누구나 아기를 보면 기분이 좋아지고, 눈길이 가고, 보살펴주고 싶어진다. 꼭 자기 새끼가 아니라도 반려동물을 먹이고, 씻기고, 안고, 재우는 것이 사람이다. 동물학자들은 인간(동물)의 이타성의 근원을 포유류의 모성과 양육에서 찾는다. 새끼를 낳고 돌보는 것에서부터 이타성이 출발하고 확대되었다는 것이다.

그처럼 가치 있고 소중한 양육행위가 고통스럽게 느껴지는 것은 불평등 때문이다. 매일 반복되는 행위, 그것도 세심한 주의와 노력이 필요한 육아를 한쪽이 도맡는 것에 대한 불만이 행복하고 성스러운 육아를 고통스럽게 하는 것이다.

그러나 세상에 공짜는 없다. 육아의 불평등은 자녀와 아버지가 서로 교감할 시간과 기회를 박탈하며 장기적으로는 가정 내에서 아버지가 소외되는 결과를 초래한다. 명심하라. 아빠들이여! 홀로 육아를 하는 긴 시간 동안 엄마는 신데렐라와 콩쥐팥쥐 같은 계모 이야기를 주로 들려준다는 사실을.

인생의 바탕색

하루의 바탕색은 아침에 결정된다. 아침을 좋은 기분과 경험으로 시작하는 것은 하루를 즐겁고 보람있게 보내는 토대가 된다. 사람의 바탕색이 결정되는 것은 3세 전후까지의 영유아기다. 이 시기에 아이의 뇌는 비약적으로 성장하고 기본적인 정서와 습관이 형성된다. 아직 장기기억이 형성되기 전이지만 이때의 환경과 경험이 아이의 평생을 좌우한다고 할 수 있다.

기린이 출생 후 최초로 느끼는 것은 지상 2m 높이에서 땅으로 떨어지는 추락의 고통이라고 한다. 잘못 떨어지면 목뼈가 부러져 죽고 다행히 살아남아도 불구가 되는 경우가 많다. 사람이 세상에 태어나서 처음 느끼는 감정은 아마 두려움일 것이다. 아이가 울면서 태어나는 것은 그 표현이자 상징이다. 세상은 낯선 존재로 가득 차 있고 아이는 한없이 무력한 상태로 태어난다. 그저 누워서 우는 일 말고는 아무것도 할 수 없으며, 자신의 생명과 안위는 전적으로 남의 손에 달려 있다. 그렇게 상당한 기간을 강보에 쌓여 보낸다.

아이에게 충분한 사랑과 안전을 제공해야 아이가 세상을 안전하고 우호적인 것으로 느끼고 인식한다. 세상을 살아갈 흥미와 자신감을 얻는 것이다. 아이가 안전(단계)을 경험하지 못하면 타자를 경계하고 자기 안으로 숨는다. 새로운 관계를 형성하는 데 어려움을 겪고, 설령 새로운 관계가 형성되더라도 깊고 계속적인 관계에 이르지 못한다. 양육 초기에 아이에게 세상에 대한 믿음과 호의를 키워주는 것보다 중요한 일은 없다.

그 다음은 좋은 자아 관념을 형성하도록 돕는 것이다. 보상과 처벌에 따른 행동은 그런 외부적 동기가 사라지면 지속되지 못한다. 내부적 동기, 자기 정체성에서 비롯된 행동만이 자발적이고 지속적이다. '남을 잘 돕는 아이', '자기 일을 스스로 하는 아이', '씻는 것을 좋아하는 아이'처럼 좋은 자아 관념과 정체성을 가질 수 있도록 세심히 보살피는 것이 필요하다.

청소년기의 반항에 대해서는 호르몬의 변화(분비)가 자주 거론된다. 사춘기에 이르러 남녀 공히 테스토스테론이 많이 분비되는데, 테스토스테론은 자기 중심성, 거친 행동, 공격성과 밀접한 관련이 있는 호르몬이다. 사회문화적으로는 긴 학업 기간과 아동노동의 금지를 이유로 들기도 한다. 그로 인해 어른 세계와 단절된 청소년들이 독특한 끼리문화를 형성하기 때문이라는 것이다. 이 시기에 뇌를 비롯한 신체 전반이 비로소 완성단계에 이르는 것과도 무관치 않을 것이다. 자녀가 부모로부터 정신적, 육체적으로 독립하여 자기 인생을 살아갈 준비가 되었다는 긍정적 신호로 볼 수도 있다.

딸 바보 현상

이성의 사진을 여러 장 주면서 가장 마음에 드는 사진을 골라보라고 했을 때 사람들은 그냥 이성 사진보다 자기 얼굴과 교묘히 합성된 이성의 사진을 골랐다. '유사성 선호 원칙'이다. 사람은 누구나 자기애가 있고, 자기를 닮은 사람을 좋아한다.

아들은 엄마를 닮고 딸은 아빠를 닮는다는 속설이 있다. 그래서 그런지 딸 바보 아빠는 있어도 아들 바보 아빠는 없는 것 같고, 반대로 아들 바보 엄마는 있어도 딸 바보 엄마는 없는 것 같다.

생물학자들의 해석에 따르면 이렇다. 아들은 어머니로부터 X염색체를, 아버지로부터 Y염색체를 받으며, 딸은 어머니, 아버지로부터 각각 X 염색체를 받는다. 그러나 Y염색체는 X염색체에 비해 크기가 작고 유전자 수(200여 개)도 적어서 태아의 성을 남성으로 결정하는 기능(정소 형성) 외에는 별다른 기능이 없다. 반면 X 염색체 중에서는 아버지의 X 염색체의 유전 정보량이 훨씬 많다. 따라서 아들은 엄마를 많이 닮고 딸은 아빠를 많이 닮는다.

세간의 속설이 전혀 근거가 없지는 않다는 것인데 그 진위를 단정하기는 어렵다. 세상에는 엄마를 더 닮은 딸이나 아빠를 꼭 닮은 아들도 없지 않기 때문이다. 다만 그것이 사실이라면 이 또한 오묘한 조화임이 분명하다. 아들이 아버지를 닮고 딸이 엄마를 닮는 것보다는 양성의 평등과 이해, 힘의 균형을 위해서 나쁜 일은 아닐 테니까 말이다.

인사이드 아웃 몸과 마음

뇌가 그 사람

발가락만 찧어도 온 신경이 발가락에 쏠린다. 우리 몸은 서로 연결되어 있고 어느 것 하나 소중하지 않은 것은 없다. 그러나 우리 신체 중에서 가장 중요한 것을 하나만 꼽으라면 단연 뇌일 것이다. 우리는 소중한 것일수록 꼭꼭 감춰둔다. 뇌는 머리카락과 두피와 머리뼈(두개골)와 뇌척수액 속에 들어 있다. 그것으로도 부족해 모자를 쓰고 스카프를 두른다. 머리카락이 자라는 유일한 동물이 인간이다.

흔히 이성은 뇌에, 감정은 가슴에 있는 것처럼 생각하지만 아무리 가슴 언저리를 살펴봐도 감정이 작동하는 공간은 없다. 감정 또한 뇌의 활동이자 작용이다. 생각, 감정, 기억, 심지어 시각, 촉각도 뇌의 작용이다.

분명 눈으로 보지만 그 시각정보를 처리하는 것은 뇌다. 아래쪽이 밝은 원과 위쪽이 밝은 원이 있다고 하자. 모두 평면의 원이다. 그러나 아래쪽이 밝은 원은 오목하게 보이고, 위쪽이 밝은 원은 볼록하게 보인다. 자연계의 사물은 위에서 비추는 빛의 영향으로 오목한 것은 아래가 밝고, 볼록한 것은 위가 밝다. 그런 경험적 인식이 우리의 시각정보를 수정하는 것이다.

같은 강도의 피부자극에 서로 다르게 반응하는 것도 그 때문이다. 우리는 남이 간지럼을 태우면 강하게 반응하지만 스스로 간지럼을 태우면 별다른 반응을 하지 않는다. 이미 그 정보의 내용을 알고 있고, 달리 정보처리를 할 필요가 없기 때문이다.

심장이나 간, 신장 같은 장기를 이식하더라도 사람의 동일성은 훼손되지 않는다. 그러나 만약 뇌를 이식한다면 그는 전혀 다른 사람이다. 뇌는 그 사람의 정체성이다. 사람의 정체성은 성격, 생각, 기억, 자아 관념 등으로 구성되고 이는 전부 뇌의 기능이다. 몸의 주인은 뇌이고, 인간은 뇌 자체다. 바둑황제 이세돌이 왼손으로 바둑을 둔다 해도 우리는 그를 이길 수 없다.

뇌는 하나의 네트워크로 작동하지만 부분적으로 담당하는 역할이 다르고 그에 따라 활성화되는 뇌의 부위도 다르다. 좌뇌는 주로 논리적 사고를 담당하고 신체 오른쪽의 감각과 활동을 관장한다. 우뇌는 주로 창의적 사고를 담당하고 신체 왼쪽의 감각과 활동을 관장한다. 우뇌가 손상된 환자는 왼쪽에서 일어나는 사건을 지각하지 못한다. 접시의 오른쪽 음식만 먹고, 사람의 오른쪽만 본다. 좌뇌와 우뇌를 연결하는 것은 뇌량이고, 뇌량은 남성보다 여성이 더 발달했다.

전두엽은 고도의 인지기능을 담당하고, 후두엽은 시각을 담당하고, 측두엽은 청각, 기억, 감정을 담당하며, 두정엽은 공간정보를 담당한다. 대뇌변연계의 편도체는 감정(공포와 공격성)을 처리하고, 해마는 기억과 학습을 담당한다. 전두엽을 다치면 성격도 변할 수 있다.

욕설의 힘

우리 뇌와 몸에서는 다양한 신경전달물질과 호르몬이 분비되고, 이것은 우리의 기분, 감정, 행동에 많은 영향을 미친다.

엔도르핀(신경전달물질)은 말 그대로 몸 안에서 생성되는 모르핀, 아편 유사물질이다. 격렬하고 지속적인 운동을 하거나 매운 음식을 먹을 때처럼 강한 자극과 통증이 있을 때 뇌가 자체적으로 만들어내는 진통제다. 엔도르핀이 분비되면 기분이 좋아지고 통증이 완화되고 면역력이 상승한다. 마라토너들이 약 35km쯤 달렸을 때 느끼는 도취감(러너스 하이)은 그 상징적 사례다. 그러나 외부 자극에 대한 의존성으로 더 강한 자극을 찾게 되어 운동중독이나 근골격계 손상이 발생할 수도 있다. 일상에서 이러한 부작용 없이 엔도르핀 분비를 활발하게 하는 행위는 스킨십, 섹스, 웃음, 모유 수유, 음악 등이다.

세로토닌이라는 신경전달 물질은 다른 개체들로부터 존중과 인정, 복종을 받을수록 그 활동이 증가한다. 이 호르몬이 분비되면 행복감, 만족감이 상승하고 불안감, 우울감이 줄어든다. 세로토닌 활동을 활성화하는 약물인 '프로작'은 대표적인 우울증치료제다. 그러나 이처럼 인위적인 방법으로 신경전달물질을 직접 자극하는 것은 임시방편이며, 약물요법에만 의존할 경우 오히려 내성과 중독을 야기할 여지가 크다.

옥시토신은 일명 사랑의 호르몬이다. 분만 과정에서 자궁수축을 도와 출산을 순조롭게 하고 모유 생산을 돕는다. 출산, 수유뿐만 아니라 육아, 키스, 포옹, 섹스 등을 할 때 주로 분비되며, 애착 감정을 높이고 스트레스를 줄이며, 긴장을 해소한다. 그러나 사랑의 대상이 아닌 개체에 대해서는 배타성과 공격성을 높이는 역할도 한다. 일부일처제와 관련 있는 호르몬으로, 일부일처인 초원들쥐의 옥시토신분비를 억제(차단)하면 난혼으로 바뀌고, 반대로 난혼인 산악들쥐에게 이를 주입하면 일부일처제를 이룬다.

그렇다면 욕설을 하거나 화를 내는 것은 어떨까? 영상 5도 정도 되는 차가운 물에 손을 담그고 누가 더 오래 참는지 실험한 결과가 있다. 실험군에게는 계속 욕설을 하도록 하고, 대조군에게는 무의미하거나 중립적인 말을 하게 했는데 욕을 해댄 쪽이 통증을 덜 느끼고 더 오래 견디는 결과가 나왔다고 한다.

욕설을 하면 신체가 자동적으로 전투태세에 돌입하면서 흥분하게 되고 통증이 감소한다. 포유류는 '공격－회피상황'이 되거나, 공격성이 자극을 받으면 교감신경계가 활성화되고 아드레날린이 분비된다. 심장 박동이 빨라지고, 동공이 커지고, 피가 근육으로 몰리고, 털이 곤두서고, 땀이 솟는다. 에너지를 100% 사용하도록 신체를 준비하며, 사소한 자극이나 통증은 무시되는 것이다. 등산을 하면 얼굴이 밝고 창백해지는 것은 혈액(산소, 영양분)이 주로 심장과 근육 쪽으로 몰리기 때문이다.

때로는 욕도 힘이 된다. 한숨이나 혼잣말, 기지개도 스트레스를 완화하고 몸을 보호하는 효과가 있다. 모든 행동에는 이유가 있고, 세상에 쓸모없는 불필요한 행동은 없는 법이다.

몸의 구성

우리 몸은 한날한시에 완전체로 태어나지만 만들어진 시기는 각각 달라서 좌우대칭의 몸과 소화계는 최소 10억 년 전에, 뼈는 5억 년 전에, 네 다리는 약 3억 7,000만 년 전에, 긴 다리와 잘 발달된 손과 큰 뇌는 수백에서 수십만 년 전에 만들어졌다.

동물은 대체로 좌우대칭을 이루고 사람도 마찬가지다. 좌우의 대칭과 균형이 동물의 이동(활동)에 유리하기 때문이다. 한쪽 지느러미나 한쪽 날개만으로는 똑바로 헤엄치거나 날 수가 없다. 반면 심장, 위, 간과 같은 내부 장기는 좌우대칭이 아닌데 이는 이들 장기가 몸의 움직임과는 크게 상관이 없기 때문이다. 우리는 오랜 세월 좌우대칭의 동물로 살아왔고 따라서 이를 건강과 아름다움의 상징으로 여긴다. 사람을 포함한 동물들은 본래 대칭 형태를 좋아한다. 한쪽 면만 보고도 전체의 윤곽을 가늠할 수 있고, 정보를 빠르고 쉽게 처리할 수 있기 때문이다. 코로나19 시기 마스크 미남, 미녀가 많았던 것은 마스크가 좌우대칭인 반면 실제 얼굴은 완전한 좌우대칭이 아니기 때문이다. 술을 마시면 이성이 예뻐(멋져)보이는 '비어고글 현상'도 대칭성과 관련이 있다. 술을 마시면 비대칭성을 지각하는 뇌의 능력이 떨어지고 따라서 상대가 더 좋아 보인다.

동물은 입으로 음식물을 넣고 소화기관에서 소화·흡수한 후 항문으로 배설물을 내놓는다. 동물의 구조를 단순화하면 입과 소화기관과 항문으로 이루어진 내배엽, 뼈와 근육의 중배엽, 그리고 신경과 피부의 외배엽으로 이루어져 있다고 할 수 있다. 내배엽이 중심이고, 먼저 발달했다.

식물은 앞뒤 구분이 어렵다. 그러나 사지동물은 모두 입이 있는 곳이 앞쪽이고 항문이 있는 곳이 뒤쪽이며, 입이 있는 앞쪽으로 움직인다. 각종 감각기관인 눈, 코, 귀도 입 주변에 몰려있다. 먹이를 찾아 이리저리 이동하고 먹고 싸는 것이 본질인 것이다. 인간은 직립으로 인해 그 실상이 다소 왜곡(은폐)되어 있지만 역시 입이 있는 쪽이 앞쪽, 항문이 있는 쪽이 뒤쪽이다.

기관의 분화, 특히 내배엽의 분화라는 관점에서 진화를 이해한다면 진화의 최정점에 있는 것은 여성일 것이다. 해파리나 말미잘 같은 강장동물은 입과 항문이 같다. 어류는 알과 오줌과 똥을 총배설강으로 함께 배출한다. 닭은 생식기와 항문이 분리되지 않아서 달걀에 똥이 묻어나온다. 새들은 요도와 항문이 같아서 오줌과 똥이 섞여 나온다. 남자는 생식기와 요도가 한 구멍이고, 여성만이 생식기(질)와 요도와 항문이 분화된 존재다.

뼈에 대한 가장 큰 오해는 뼈를 죽은 것으로 인식한다는 것이다. 그럴 만도 한 것이 우리는 몸속의 뼈를 볼 일이 별로 없다. 우리가 보는 것은 대부분 몸속을 나온 뼈, 다시 말해서 죽은 뼈다. 게다가 뼈는 매우 딱딱한 모양이어서 그 자체로 죽어있는 것처럼 보인다.

그러나 생명체의 몸속 뼈는 살아있다. 늙은 뼈세포는 죽고 새로운 뼈세포가 계속 생성된다. 부러진 뼈는 시간이 지나면 저절로 붙는다. 작고 여린 뼈는 점차 크고 강해지며, 자주 쓰는 뼈는 더 굵어진다. 죽어서 아무 기능을 못하는 뼈를 평생 몸속에 보관할 이유는 없다.

뼈는 몸체를 지지하고 장기를 보호하고 신체를 움직이게 한다. 곤충이 매우 작은 것은 몸을 지탱할 골격, 즉 뼈가 없기 때문이다. 척추뼈는 약 5억 년 전 어류에서 비롯됐다. 어류와 사지동물의 척추는 모두 수평적으로 몸체를 지탱하기 위한 것이다. 그러나 사람은 직립보행을 하면서 척추뼈가 수직으로 몸체를 지탱한다. 뼈에 하중이 가중되고 각종 요통과 척추질환이 발생하는 것이다. 나이가 들면 키가 작아지는 것은 층층이 탑처럼 쌓인 척추뼈의 간격이 줄어들고, 그 사이의 연골(추간판)이 얇아지고 닳기 때문이다.

태아 상태에서 뼈(부분)는 800개 정도이다가, 출생시에는 450개로 줄고, 이후 뼈는 성장하고 서로 붙어서 어른이 되면 206개의 뼈가 남는다.

성인의 몸은 약 40조 개의 세포로 이루어져 있고 뇌 속에는 1,200억 개 이상의 세포가 있다. 세포는 생존에 필요한 산소와 영양분을 혈액으로부터 공급받는다. 산소는 허파에서, 영양분은 주로 소장에서 혈액에 흡수된다. 직립하는 인간은 머리에서 발끝까지 혈액을 돌려야 하므로 심장의 부담이 크다. 사람에게 고혈압과 심장병(동맥경화, 심근경색)이 많은 것은 그 때문이다. 목과 다리가 사람보다 훨씬 긴 기린은 혈압이 사람보다 2배나 높다.

눈을 감는 이유

인간은 시각, 청각, 후각, 미각, 피부감각을 가지고 있다. 최초에 발달한 감각은 후각이다. 빛이 투과되기 어려운 수중의 어류 단계부터 획득한 감각이다. 이후 영장류가 수상(樹上)생활을 하면서 후각이 퇴화하고 청각과 시각이 발달했다. 냄새 물질은 산소나 질소보다 무거워 밑으로 가라앉으며 따라서 땅에서 멀어질수록 후각의 역할이 약화된다. 인간의 후각은 개의 10,000분의 1수준이다.

미각은 단맛, 짠맛, 감칠맛, 신맛, 쓴맛의 5가지다. 매운맛과 떫은 맛은 미각이 아니라 피부감각(통각과 압각)이다. 미각은 처음에 생존목적으로 발달했다. 몸에 이로운 것과 해로운 것을 구별하는 기능으로 시작된 것이다. 단맛은 당의 맛이고, 짠맛은 나트륨의 맛이며 감칠맛은 아미노산의 맛이다. 단맛은 에너지를 만들고, 짠맛은 몸속 나트륨이온의 농도를 조절하며, 감칠맛은 단백질을 만든다. 신맛은 산의 맛으로 부패한 음식을 가려내고, 쓴맛은 알칼로이드의 맛으로 독성물질을 가려낸다.

피부감각은 촉각, 압각, 통각, 냉각, 온각의 다섯 가지로 나눌 수 있다. 피부감각의 유래는 본래 어류의 옆선이다. 옆선을 통해 물고기는 물살의 흐름과 방향을 파악한다. 촉각은 신체 중 털이 없는 부분에서 발달하고 특히 입술과 손가락 끝의 촉각이 섬세하다. 점자책을 손가락 끝으로 읽고 연인과 입맞춤을 하는 이유다. 통각과 가려움(촉각)은 인간이 매우 싫어하는 감각이지만 이것이 있어야 위험을 회피하고, 기생물질을 제거할 수 있다. 통각은 가려움을 없애고, 손으로 문지르면(촉각) 통증이 없어진다.

사람이 키스를 하거나 음악을 들을 때 눈을 감는 이유는 무엇인가? 인간은 외부 정보의 80%가량을 시각을 통해 획득한다. 우리의 감각 중 가장 힘이 센 것이 시각이다. 이처럼 강한 시각의 간섭을 배제하고 촉각, 청각을 최대한 활성화하여 뇌에 전달하기 위해 불을 끄거나 눈을 감는 것이다.

키스도 인간 고유의 행위 중 하나로 꼽힌다. 그러나 일부 영장류 학자에 따르면 침팬지나 보노보도 입맞춤을 한다고 한다. 키스의 유래에 관해서는 어머니 젖을 빨던 어린아이로의 퇴행이라는 설, 새들이 구애를 위해 서로에게 먹이를 주는 습성의 변형이라는 설, 장래 배우자의 유전적 구성(면역적 보완관계)을 미리 침이나 단백질 등을 통해 시험하는 것이라는 설 등이 있다.

이원적 감정

인간은 감정의 동물이다. 흔히 인간을 이성적 존재로 생각하지만 인간만큼 다양한 감정을 가지고 있고, 감정의 영향을 강하게 받는 존재도 없다. 같은 쾌감이라도 유쾌함이 다르고 상쾌함이 다르고 통쾌함이 다르다. 똑같이 희망이 사라진 상태지만 실망이 다르고 낙망이 다르고 절망이 다르다. 많은 강력범죄가 단지 기분이 나쁘거나 무시당했거나 자존심이 상하고 모욕감을 느꼈다는 이유로 발생한다.

인간은 이처럼 수많은 빛깔의 감정을 가지고 있지만 크게 보면 두

가지 감정으로 나눌 수 있다. 긍정적인 감정과 부정적인 감정, 좋은 기분과 나쁜 기분. 생존과 번식에 유익하고 장애가 없을 때 생기는 감정이 긍정적 감정이라면, 생존과 번식에 해롭고 난관이 있을 때 느끼는 감정이 부정적 감정이다. 긍정적 감정은 지속되기를 바라고 부정적 감정은 벗어나기를 바란다. 긍정적 감정이 들면 호의를 갖고 접근하며 부정적 감정이 들면 경계하고 회피한다.

물론 인간의 감정이 처음부터 그토록 복잡하고 다양하지는 않았을 것이다. 인간도 다른 영장류와 마찬가지로 기본적인 몇 가지 감정 체계만을 가지고 출발했을 것이다. 감정은 신체, 특히 뇌의 작용과 활동이다. 인간의 뇌가 발달하고 사회적 관계망이 넓어지면서 감정 또한 다양해졌을 것이고, '접근-회피반응'이 정교한 개체가 살아남게 되면서 오늘날처럼 미세한 감정이 발달하게 되었을 것이다.

정도의 차이가 있지만 동물도 감정이 있다. 그러나 인간은 그와 비교할 수 없는 복잡미묘한 감정을 가지고 있으며, 단지 감정을 느끼고 표현하는 것을 넘어 이를 꾸미고 지어내는 존재가 인간이다.

몸과 마음은 하나

같은 유명화가의 그림이라도 진본이라는 말을 들으면 뇌의 보상(쾌락)중추가 활성화되지만 복제본이라는 말을 들으면 활성화되지 않는다. 실체보다는 그에 대한 생각과 믿음이 중요하다는 것이다. 우리는 정신이 육체를, 마음이 몸을, 감정이 행동을 지배한다고 생각한다. 슬프니까 울고 즐거워서 웃는다는 것이다.

플라시보 효과나 그 반대인 노시보 효과도 마음이 몸을 지배하는 현상 중 하나이다. 플라시보 효과는 가짜약을 처방해도 그것이 병을 낫게 해줄 것이라는 긍정적 마음이 실제로 병을 낫게 해주는 효과를 말한다. 신약의 효과를 검증할 때 비교를 위해 아무 효능이 없는 물질을 함께 처방한 데서 유래했다. 실험결과 단지 소금물이나 맹물 성분이더라도 치료 효과가 있는 것으로 나타났다. 반대로 노시보 효과는 진짜약을 처방해도 그 약이 효과가 없을 것이라는 환자의 부정적 마음으로 인해 실제로 약효가 떨어지는 현상이다.

그러나 사람은 정신과 육체, 마음과 몸, 감정과 행동의 통일체이고 서로 영향을 주고받는다. 육체가 정신을, 몸이 마음을, 행동이 감정을 지배하기도 하는 것이다. 건강한 육체에 건강한 정신이 깃들고, 울어서 슬프고 웃으니까 즐거운 것이다.

같은 만화책을 보아도 볼펜을 가로로 입에 물고 보는 사람이 아랫입술로 무는 사람보다 더 재미를 느낀다고 한다. 둘 다 인위적이지만 전자는 웃는 모습이고, 후자는 찡그린 모습이다. 고개를 아래위로 끄덕끄덕하면서 듣는 사람이 옆으로 도리질하면서 듣는 사람보다 더 공감하거나 동의한다. 고개를 끄덕이는 행위는 복종(순응)을 의미하는 절에서 유래되었다. 복종을 나타내는 행동은 고개를 숙이거나 허리를 굽히거나 무릎을 꿇거나 엎드리거나 엉덩이를 내밀거나 하는 여러 행동으로 나타나는데 그 본질은 몸의 위치를 낮추는 것, 상대의 시선을 피하는 것이다.

편한 자세로 강연을 듣는 사람과 팔짱을 끼고 강연을 듣는 사람 중에는 후자가 더 강연에 부정적이고 집중력도 떨어진다. 팔짱을 끼는 것은 심장과 폐를 보호하려는 선천적인 행동으로 경계와 부정을 뜻한다. 팔짱을 끼는 상대를 만나면 음료수를 건네거나 들고 있을 물건을 줘서 팔짱부터 풀게 하라는 말이 있다. 반면 뒷짐은 우리 신체에서 매우 중요한 목, 배, 심장, 사타구니를 노출하는 행위로 우월감, 자신감, 강인함의 표현이다.

왼손잡이

왼손잡이의 비율은 인구의 약 10~15% 정도라고 한다. 동전 던지기를 하면 앞면이나 뒷면이 나올 확률은 50%다. 아이가 남자로 태어나거나 여자로 태어날 확률도 거의 50%다. 우리는 아버지와 어머니로부터 각각 50%의 유전자를 받는다. 그런데 왜 왼손잡이는 여전히 극히 소수일까?

사람이 왼손잡이가 될 확률은 당초 10% 이하이고, 한쪽 부모가 왼손잡이면 20%까지 확률이 올라가고, 양부모가 왼손잡이면 26%까지 올라간다고 한다. 왜 부모가 왼손잡이임에도 그 확률이 50%나 100%가 되지 않을까? 유전적 영향이 없는 것도 아니고, 그렇다고 전적으로 유전자의 영향이라고 말하기도 어렵다.

학자에 따라서는 유전자의 영향으로 결정되는 것은 '오른손잡이냐 왼손잡이냐'가 아니라 '오른손잡이냐 오른손잡이가 아니냐'이기 때문이라고 한다. 오른손잡이가 될 유전적 소인이 있는 사람은 그대로 오른손잡이가 되고, 그러한 유전적 소인이 없는 사람은 오른손잡이가 되기도 하고, 왼손잡이가 되기도 하며, 양손잡이가 되기도 한다는 것이다.

그렇게 보면 왼손잡이의 비율이 어느 정도 이해되기는 한다. 먼저 오른손잡이의 유전적 소인을 가진 사람이 50%라고 하자. 나머지 50%는 오른손잡이도, 왼손잡이도 될 수 있다. 그러나 세상은 다수파를 차지하는 오른손잡이 위주로 설계되고 구성되었다. 문의 손잡이나 버튼은 오른쪽에 있고, 악수나 경례도 오른손으로 하며, 식사를 할 때도 오른손을 사용하도록 요구받는다. 육상트랙이나 야구 경기장도 오른손잡이 위주로 만들어져 있다. 오른손잡이가 주로 사용하는 오른발로 원심력을 제어할 수 있도록 진행 방향이 시계 반대방향으로 설계된 것이다.

오른쪽은 단지 방향만을 지칭하는 것이 아니다. '옳다(right)'라는 가치평가도 들어 있다. 동일한 제품의 스타킹을 판매대에 나란히 진열하고 선호도를 조사한 결과 왼쪽에서 오른쪽으로 갈수록 선호도가 높아졌다. 흔히 2인자를 오른팔이라 부르며, 오른쪽에 앉은 사람이 더 큰 권력을 갖는다. 반면 낮은 지위로 떨어지거나 외직으로 물러나는 것을 '좌천'이라고 부른다.

오른손 위주의 사회에서 왼손잡이로 살아간다는 것은 평생 불편함과 불리함을 감수해야 한다는 의미다. 오른손잡이가 약 85~90%를 차지하는 현상 속에는 이처럼 다수에 유리하도록 만들어진 세상과 그에 대한 적응이라는 또 하나의 진화론이 숨어있는지도 모른다.

내 속엔 내가 너무도 많아

거울

우리는 매일 거울을 보고 얼굴과 옷매무새를 점검한다. 당연히 거울에 비친 존재가 자기 자신임을 안다. 거울은 본래 타자가 아니라 자기를 돌아보기 위한 것이다. 우리의 눈은 세상 만물을 보면서도 정작 자기의 얼굴은 보지 못한다. 세상에서 거울이 사라진다면 인간은 지금보다 훨씬 더 추하고 우스꽝스러운 존재가 될 것이다.

인간에게는 당연한 일이지만 동물들도 거울 속 존재가 자기 자신임을 인식할까? 학자들의 보고에 따르면 침팬지, 보노보 같은 유인원들과 돌고래, 코끼리, 까치 정도가 자신의 거울반영을 인식한다고 한다. 신체의 특정 부위를 문지르거나 주시하는 방식으로 자기 몸과 거울에 반사된 자기 모습의 동일성을 확인하고 깨닫는다는 것이다. 지금도 야생의 어느 초원에선 침팬지나 코끼리가 물속에 비친 자기 모습을 물끄러미 바라보고 있을지도 모른다.

일반적으로 동물의 인지능력은 뇌의 크기와 대뇌피질의 표면적에 비례한다. 앞서 언급한 침팬지, 보노보, (돌)고래, 코끼리는 모두 뇌가 크고 대뇌피질의 주름이 많고 깊은 종들이다. 까치도 몸체에 비해서는 뇌가 큰 편이고 특히 대뇌피질이 발달했다.

최소한 이들 동물에게 '지금 여기의 나'를 인식하는 초보적인 능력이 있음을 보여준다. 그러나 이를 인간의 자아관념과 비교하기는 어렵다. 우리의 자아관념은 역사적, 서사적인 것이다. 과거와 현재와 미래를 포함하여 스스로 느끼는 자신에 대한 인식과 이미지다. 자기의 생각, 지위, 환경, 관계, 행동, 경험, 기억, 희망을 총 망라해서 전체적으로 내가 누구이고 어떤 존재인지 느끼고 인식하는 것이다. 자아관념은 매우 고차원적인 인지의 영역이다. 생각하는 자기에 대한 생각이고, 인식하는 자기에 대한 인식이다.

인간은 대상 세계와 구별되는 주체로서의 자신을 의식하고, 자기만의 정체성을 찾으며, 일정한 자아상을 형성하려고 노력하는 존재다. 그리고 그 과정에서 대부분 두 가지 큰 딜레마에 봉착한다. '자아의 과잉'과 '자아의 분열'이 그것이다. 시인과 촌장의 노래 '가시나무'는 이를 더없이 적절히 표현하고 있다.

내 속엔 내가 너무도 많아 당신의 쉴 곳이 없네.

이기적 유전자

이기적인 것과 이타적인 것을 구분하는 것이 쉬운 일은 아니다. 겉으로는 이타적인 행동도 그 내막을 따져보면 이기적인 동기가 작용할 수 있다. 반대로 이기적 동기에서 시작된 일이 이타적인 결과를 가져오기도 한다.

새와 다람쥐의 경고음, 톰슨가젤의 '경고도약'은 일반적으로 이타적 행동으로 해석된다. 자기의 위험을 무릅쓰고 동료들에게 도피 신호를 보내는 행동이라는 것이다.

그러나 그러한 행동이 실제로 포식자의 주의를 끌고 위험을 초래하는 것이라면 그런 행동을 하는 개체는 (포식자의 먹이가 되어) 점차 줄어들고 마침내 사라질 것이다. 그럼에도 경고음이나 경고도약을 하는 개체가 계속 존재한다는 것은 그런 행동이 실제로는 생존에 위험하지 않거나 오히려 생존에 유리한 행동이라는 것을 반증한다. 경고음을 내는 미어캣이 다른 미어캣보다 덜 위험하다는 연구보고도 있다. 보초를서는 미어캣은 언제나 땅굴 근처에서 사주경계를 하고, 경고음을 낸 후에는 가장 먼저 땅굴로 숨는다는 것이다.

도킨스는 동물들이 경고음을 내는 것은 (포식자의 접근을 인식하지 못한) 동료들의 방만한 행동으로 자신도 위험에 빠지는 것을 방지하려는 행위이고, 톰슨가젤의 경고도약은 자기가 얼마나 힘차고 날쌘 존재인지 과시하여 포식자가 다른 개체에게 주의를 돌리도록 하는 이기적 행동이라고 해석한다.

세상에 자기와 타자를 차별 없이 똑같이 대하는 개체는 없다. 나의 생존, 나의 번식을 우선하지 않는 개체가 있다면 이미 멸종했을 것이다. 인간이 이기심과 이타성을 공히 가지고 있으면서도 전자의 농도가 더 진한 것은 진화의 결과이다. 생존과 번식에 불리했다면 이기심 유전자는 점차 사라졌을 것이기 때문이다.

주연배우

사람은 누구나 자기중심적 편향을 가지고 있다. 자기 위주로 생각하고 행동한다. 내 감정, 내 생각, 내 상황, 내 안위가 우선이다. 세계가 있고 내가 있는 것이 아니라 내가 있고 세계가 있다. 객관적으로는 80억분의 1이지만 주관적으로는 1대 80억이다. 우리는 대상(자연)을 즐기는 것이 아니라 대상(자연)을 즐기는 자기 자신을 즐긴다. 세상 사람들이 모두 자기에게 관심을 갖고, 주시하는 것처럼 느낀다. 나는 주연배우이고, 세상은 나를 중심으로 돌아가는 무대다.

그러나 내가 있기 전에도 세계는 있었고 내가 사라진 후에도 세계는 존재한다. 나는 고작 1/n이고, 잠시 반짝이다 사라지는 이슬일 뿐이다. 내가 그런 것처럼 남들도 나에게 특별한 관심이 없으며, 세상에 주연배우만으로 이루어진 드라마는 없다.

그러나 어쩌면 당연한 일이다. 세계는 언제나 개체단위로 인식된다. 우리는 자신의 눈과 귀와 혀와 피부와 머리로만 지각할 수 있고, 자신의 팔, 다리, 몸으로만 행동할 수 있다. 인식과 행동의 주체는 오로지 자신뿐이고 나머지는 모두 대상이다. 주체가 없으면 감각도 인지도 없고 행동도 없다. 내가 없으면 세상도 없으며 결국 세상은 단둘, 나와 타자(사람, 자연)로 이루어져 있다.

나르시시즘의 유용성

우리는 모두 나르키소스의 후예들이다. 우리는 자신을 실제보다 더 나은 사람으로 여긴다. 실제보다 더 잘 생기고 예쁘다고 생각한다. 100장의 사진을 찍으면 99장은 마음에 들지 않아 삭제하고, 포토샵을 한 사진을 실제 자기 모습이라고 착각한다. 자신이 평균적인 사람보다는 더 똑똑하고 도덕적이라고 느끼며(better than average effect), 대다수는 자신이 죽으면 지옥이 아니라 천국에 갈 것이라고 생각한다.

이만한 모순도 없다. 사실은 삭제한 99장의 사진이 진짜 본인 얼굴이다. 진실은 반복되고 재현된다. 어쩌다 맘에 든 1장의 사진보다 나머지 99장의 사진이 더 실제 모습에 가까운 것이다. 단체 사진 속 남들의 얼굴은 그대로인데 내 얼굴만 이상하게 나올 수 있는가? 모두가 평균 이상이라면 평균이 존재할 수 있는가?

기억의 왜곡 때문이다. 최상의 사진만을 골라 저장하고 반복해서 기억하다 보면 그 사진 속 얼굴이 자기 얼굴이 되고 기준이 된다. 그러나 그것만으로는 설명되지 않는 것이 있다. 그렇다면 왜 사람은 애초에 최상의 사진만을 골라 저장하려고 하는가?

자기를 실제보다 120% 정도 더 멋지고 좋은 사람으로 평가하는 것은 진화(생존과 번식)에 유익한 형질이다. 세상을 살아가기 위해서는 적절한 자존감, 자신감이 필요하고, 그러한 자존감은 자신의 외모와 능력, 도덕성에 대한 스스로의 평가에 크게 의존한다. '매력적인 외모를 가지고 태어나느냐, 아니냐'는 내가 결정할 수 없지만 '자신을 매력적인 사람으로 인식하는가, 그렇지 않은가'는 내가 결정할 수 있는 것이다. 자기애는 생명체의 본성이고 진화에 유리한 것이다. 그리하여 오늘도 왕비(마녀)는 거울을 보며 묻는다. "거울아, 거울아, 세상에서 누가 가장 예쁘니?"

지킬 앤 하이드

우리 안의 선과 악, 자아의 분열을 극명하게 보여주는 것이 로버트 루이스 스티븐슨의 소설 주인공 지킬박사와 하이드다. 학식과 덕망을 갖춘 저명인사 지킬 박사가 내면의 선과 악을 분리시킬 수 있는 약물을 만들어 마신다. 마침내 자신의 인격을 선과 악으로 나누기에 성공하고 이중생활을 즐기지만 점차 악(하이드)에 잠식당하자 결국 음독자살하고 만다.

우리는 자신의 사회적 지위, 직업, 성격, 가치관 등에서 비롯된 하나의 자아상을 형성하고, 그것을 유지하고 가꾸기 위해 노력한다. 뿐만 아니라 타인에 대해서도 일정한 이미지를 갖는다. '성실한 직장인', '자애로운 아버지', '친절한 이웃', '헌신적인 사회운동가', '진보적인 정치인' 등등.

그러나 그와 같은 자아상이나 이미지는 쉽게 깨지고 허물어진다. 내면의 충동을 억제하지 못하고 실수와 잘못을 반복하는 자신을 자주 발견하고, 존경받는 정치인이나 종교인, 셀럽들이 뇌물과 마약과 성추문으로 하루아침에 몰락하는 것을 심심치 않게 목격한다.

진화심리학자들은 우리의 큰 자아 속에 여러 개의 부분 자아가 있다고 한다. '생존과 번식'이라는 생명체의 본성에서 파생한 자기보호 부분 자아, 질병 회피 부분 자아, 친애 부분 자아, 지위 경쟁 부분 자아, 짝 획득 부분 자아, 짝 유지 부분 자아, 친족 양육 부분 자아가 그것이다. 이들 7개의 부분 자아가 내면에 잠재해 있다가 그때그때 상황에 따라 어느 자아가 전면에 등장해서 전체 자아를 이끈다는 것이다. 이를테면 인간은 공포영화를 보면 군중에 편입하고픈 심리가 발동하는데 이는 자기보호 부분 자아의 발현이고, 로맨틱 영화를 보면 튀고 싶은 심리가 작동하는데 이는 짝 획득 부분 자아가 발현된 것이라고 한다. 질투는 짝 획득과 짝 유지 부분 자아의 발현이다.

문제는 이들 부분 자아가 때로 서로 충돌한다는 점이다. 자기 생존이 위협받는 상황에서 친애의 자아가 발현되기는 어렵다. 병마에 시달릴 때는 제 몸이 우선이고 다른 모든 가치는 의미 없어 보인다. 밥그릇을 두고 싸우는 상대에게 사랑의 감정을 갖기는 어렵다. 친족에 대한 사랑은 배우자와 가족의 울타리를 넘어선다.

우리 안에는 분명 여러 개의 자아가 존재하고, 이들은 모순· 충돌한다. 어떤 자아는 거름 주고 키우며, 어떤 자아는 가지를 치고 다듬을 수 있지만 아예 없앨 수는 없다. 그것이 인간의 한계이자 또한 삶의 매력이다. 정원이 아름다운 것은 여러 가지 나무와 꽃과 풀들이 조화를 이루고 잘 어우러지기 때문이다.

내로남불의 심리학

착한 사마리아인

누가복음 10장에 착한 사마리아인 이야기가 있다. 강도를 만난 사람이 길에 쓰러져 있는데 제사장과 레위인은 그를 보고 피해갔으나 이방인으로 배척받던 사마리아인이 그를 보살피고 구해주었다는 이야기다. 이 예시를 들면서 예수는 그중 누가 우리의 진정한 이웃이냐고 묻는다.

사람에게 중요한 것은 그의 직업이나 종교, 그가 속한 부족과 같은 겉모습이 아니라 마음 씀씀이와 행동이며, 선한 마음으로 자비를 베푸는 사람이 참된 종교인이자 좋은 이웃이라는 가르침이다.

백번 지당한 말씀이다. 그러나 우리가 한 가지 간과한 것이 있다. 우리는 사실 제사장과 레위인이 당시 어떤 상황에 처해 있었는지 잘 모른다는 것이다. 제사장과 레위인에게 다른 급한 사정이 있었을 수도 있고, 사마리아인에게는 그런 사정이 없었을 수 있다는 것이다. 직업이나 종교, 부족으로 사람을 평가하는 것이 잘못인 것과 마찬가지로 그가 처한 상황을 알지 못한 채 사람의 행동을 평가하는 것도 일면적이다.

심리학자들은 실제로 이와 유사한 상황을 설정하고 실험해보기도 하였다. 신학생 피험자들을 대상으로 토론회가 진행되는 건물로 이동하라고 지시하고 그 통로에 쓰러진 사람을 배치해서 구호 여부를 관찰한 것이다. 그 결과 약 40%의 학생만 그 사람에게 관심을 보였는데 특히 서둘러 오라는 지시를 받은 실험군은 거의 도움을 베풀지 않았다. 시간이 촉박한 학생보다 여유 있는 학생의 구호율이 훨씬 높았다는 것인데, 그 토론회의 주제는 다름 아닌 착한 사마리아인에 관한 것이었다.

아무리 봉사정신이 투철한 학생이라도 시험기간에 봉사활동을 권

유받으면 거절할 확률이 높을 수밖에 없다. 카톨릭 신자들은 고해성사를 마치고 나올 때보다 고해성사를 하러 갈 때 적선할 확률이 2배 이상 높다고 한다. 화장실 가기 전과 후가 다르듯 죄사함을 받기 전과 받은 후가 다른 것이다.

마시멜로 이야기

유명한 마시멜로 이야기도 있다. 서너 살짜리 아이들에게 마시멜로를 하나 주고 바로 먹어도 되지만, 기다리면 더 주겠다고 약속하는 실험이다. 방에는 아이들의 주의를 끌 만한 다른 물건을 전혀 비치하지 않았다. 오로지 자제력 실험에 집중하기 위해서였다.

실험결과 몇 명의 아이는 바로 과자를 먹었고, 몇 명은 당장의 유혹을 견디고 15분가량을 기다렸다. 중요한 것은 그 다음이다. 10년에서 15년의 세월이 지나 실험대상 아이들의 삶을 추적·조사한 결과 마시멜로를 바로 먹은 아이들은 학업성적이 부진하고 교우관계도 원만치 않았으며 마약 전과자도 많았다고 한다. 반면 유혹을 이겨낸 아이들은 지능이 높고 주의력이 뛰어났으며 학업성적이 좋고 모범적이었다는 것이다.

마시멜로 이야기는 흔히 자기조절능력, 통제력의 가치를 보여주는 실험으로 회자된다. 그러나 그것이 순전히 실험대상 어린이의 타고난 성격이나 소질에 국한한 문제는 아니다. 어쩌면 그 아이가 처한 가정환경과 상황이 더 중요할지 모른다. 만약 실험대상 아이의 부모가 평소 약속을 잘 지키지 않은 사람이라면 그 결과는 어떨까? 실험을 제안한 선생님이 약속을 잘 지키지 않는 사람이라면 또 어떨까?

로체스터 대학의 후속 연구에 따르면 약속을 잘 지키는 사람이 제안한 경우 아이들은 평균 12분 만에 마시멜로를 먹었으나, 약속을 잘 지키지 않는 사람이 제안한 경우 아이들은 단 3분 만에 마시멜로를 먹어버렸다고 한다. 순전히 아이들의 소질이나 성격 문제는 아닌 것이다.

자기조절능력이 항상 일정한 수준을 유지하는 것도 아니다. 자기조절능력은 우리 뇌의 전전두피질이 관장하는데 이는 무한하지 않고 사용하면 소모된다. 맛있는 초콜릿 과자를 보기만 할 뿐 먹지 못하도록 통제된 아이들은 그렇지 않은 아이들에 비해 어려운 수학 문제 풀기를 2배나 빨리 포기했다. 의지력이 한계에 도달하고 자아가 고갈된 것이다. 자제력 상실이 아침보다 저녁에 더 많이 발생하는 것도 그 때문이다. 수면 부족이나 공복 상태에서는 자제력을 잃기 쉽고, 잠을 충분히 자고 당분을 섭취하면 다시 회복된다.

사람은 평온하고 예측가능한 상황에서는 비교적 느긋하고 합리적인 선택을 하는 반면, 가변적이고 혼란스러운 상황에서는 즉흥적이고 충동적인 선택을 한다. 그 옛날 우리 조상들이 그랬던 것처럼 오늘 하루, 지금 당장을 사는 것에 매달리는 것이다.

레버 누르기

동물행동학자들의 실험 중에는 특히 환경과 경험의 중요성을 보여주는 것들이 있다. 내용은 이렇다. 연구자는 실험용 쥐들에게 서로 다른 두 가지 소리를 들려준다. 그중 하나의 소리가 들릴 때 쥐들이 레버를 누르면 먹이가 보상으로 주어지고, 다른 소리가 들릴 때 레버를 누르면 듣기 싫은 소음만 발생하고 먹이가 주어지지 않는다. 말하자면 한

소리는 긍정적인 신호고, 다른 소리는 부정적인 신호다.

반복된 훈련을 통해 쥐들은 긍정적인 소리가 들리면 레버를 누르고 부정적인 소리가 들리면 레버를 누르지 않게 되었다. 문제는 지금부터다. 만약 쥐들에게 그 두 가지 소리의 중간쯤에 해당하는 제3의 소리를 들려주었을 때 쥐들은 어떻게 행동했을까? 긍정적 신호로 받아들이고 레버를 눌렀을까? 아니면 부정적 신호로 인식하고 레버 누르기를 단념했을까?

실험결과는 실험대상 쥐들이 어떤 환경과 조건에서 생활하였는가에 따라 뚜렷하게 대비되었다. 열악한 사육환경에서 살면서 부정적 경험을 많이 쌓은 쥐들은 쾌적한 환경에 살면서 긍정적 경험을 많이 쌓은 쥐들에 비해 더 비관적이고 소극적이었다. 레버를 훨씬 적게 누르고, 레버를 누르는 데도 더 많은 시간을 지체했다. 살아온 환경과 축적된 경험이 은연중 동물의 감정과 행동에 강한 영향을 끼친 것이다.

동물실험에는 암컷보다 수컷이 훨씬 많이 이용된다. 그 비대칭성이 3~5배에 이르기도 한다. 생리주기에 따른 호르몬 변화와 같은 부가적 변수를 배제하기 위해서라고 한다. 그러나 남성(수컷) 중심사회라는 사회문화적 환경도 무시할 수 없다. 남성이 수컷을 실험하고 연구한 결과는 당연히 남성에게 더 유익하거나 유리하다. 실험용 동물을 선택하는 문제에도 암암리에 성차별이 존재하는 것이다.

상황의 힘

상황과 환경이 사람의 생각과 행동에 미치는 영향은 의외로 막강하다. 우리는 진공상태나 무균실에서 사는 것이 아니다. 온갖 상황이 발생하고 전개되는 구체적 현장, 시간과 장소에 존재한다.

마트에서 샹송이 나오면 프랑스 와인이 2배 이상 더 팔리고, 독일 음악이 나오면 독일 와인이 2배 이상 더 팔린다. 와인 샵에서 팝송을 틀 때보다 클래식을 틀었을 때 소비자들은 평균 3배 이상 비싼 와인을 구매한다고 한다. 클래식의 고상함과 자기 자신을 연결하는 것이다. 로댕의 '생각하는 사람' 사진을 보여주고 그 사람의 종교적 신념도를 조사하면 미론의 '원반 던지는 사람'을 볼 때보다 종교적 신념도가 많이 떨어진다.

의대생의 면접시험에서는 비 오는 날 면접을 본 학생들이 화창한 날 면접을 본 학생들보다 평균 10% 정도 낮은 점수를 받았다. 날씨가 면접관의 기분과 평가점수에 영향을 미친 것이다. 가석방 심사위원들의 석방승인율은 식사 직후가 가장 높고 점차 떨어지다가 다음 식사시간 직전에는 거의 제로에 가까웠다는 보고도 있다. 피로와 허기가 결정에 영향을 미치는 것이다. 스탠퍼드대 연구팀의 최근 연구결과에 따르면 무더위가 기승을 부리면 징역형의 형량이 6.5% 늘어나고, 벌금액수도 약 4%가 증가한다고 한다. 그러니 가능하면(?) 화창한 날 면접을 보고 서늘할 때 판결을 받을 일이다.

지구온난화의 심각성은 더운 방에 있는 실험대상이 시원한 방에 있는 실험대상보다 더 깊이 체감한다. 등짐을 진 사람이 그렇지 않은 사람보다 눈앞 경사면을 더 가파르다고 생각한다. 무거운 마이크(클립보드)를 들고 인터뷰하는 사람이 그렇지 않은 사람보다 상대방(인터뷰이)의 중요성을 더 높게 평가한다.

시민들의 친절도는 그 도시의 인구밀도(군집도)와 행인들의 보행속도에 반비례한다. 인구밀도가 높고 보행속도가 빠른 도시가 더 불친절하고 인구밀도가 낮고 보행속도가 느린 도시는 더 친절하다. 아이가 길을 잃어버렸다면서 부모에게 전화를 걸어달라는 부탁을 했을 때 소도시에서는 행인의 3/4이 도움을 준 반면, 대도시에서는 절반 정도만 도움을 주었다. 밀집도가 높으면 사람이나동물이나 더 스트레스를 받고 경쟁적으로 변하며, 공격성이 증가하고 출생률이 떨어진다. 동물의 싸움은 지배와 포식를 위한 경우도 있지만 적당한 거리, 영역을 확보하기 위한 경우도 많다.

내로남불의 심리학

차를 몰고 도로에 나가면 죄다 '미친놈' 아니면 '멍청이'다. 나를 기준으로 나보다 빨리 달리는 운전자는 미친놈이고, 나보다 천천히 달리는 운전자는 멍청이다. 그들이 과속하거나 서행하는 이유를 모르고 모두 운전자의 인격 탓으로 돌린다.

사람의 행동은 그 사람 자체와 그가 처한 상황의 소산이다. 간단히 말하면 행동=사람+상황이다. 따라서 어떤 행동(결과)을 평가할 때는 행위자와 그가 놓인 상황을 종합적으로 고려해야 한다. 그러나 우리는 남들의 행동은 그 사람의 성향, 인격 탓이라고 생각하고, 자신의 행동은 상황 탓이라고 생각한다. 특히 그 행동(결과)이 부정적 평가를 받을 때는 더욱 그러하다. 이른바 '행위자-관찰자 편향'이다.

남들의 행동과 나의 행동을 이처럼 다르게 대하는 이유는 두 가지다. 첫째로 남들의 상황은 보이지 않는 반면 내 상황은 너무나 잘 보이기 때문이다. 내가 관찰자일 때는 보이지 않고 알 수도 없는 상황이 내가 행위자일 때는 너무나 뚜렷하고 중요하기 때문이다. 남이 과속하는 이유를 나는 모른다. 그러나 내가 과속을 하는 것은 모두 분명한 이유가 있다. 약속시간에 늦었거나 응급환자가 타고 있거나 갑자기 배탈이 나서 화장실에 가야 하기 때문이다.

자신은 매우 복잡다단한 존재로 여기면서도 남들은 단순한 존재로 생각하는 것도 그런 이유 때문이다. 나의 복잡한 생각과 감정은 언제나 잘 느껴지지만 남들의 생각과 감정은 표현되고 드러나지 않는 한 알 수가 없다. 남들은 외면(행동)이 보이는 반면, 나는 내면(감정)이 보이는 것이다.

둘째는 자기 행동에는 자존심과 합리화 심리가 작동하기 때문이다. 잘되면 내 탓이고 잘못되면 조상 탓이다. 좋은 결과(행동)는 나의 의지와 노력 때문이고 나쁜 결과(행동)는 운이 없었거나 상황이 좋지 않은 탓이다. 우리는 모두 자기 자존심에 유리하도록 생각하고 기억하고 행동하는 습성이 있다.

통화 운전은 대화 운전보다 약 4배 정도 사고위험이 높다고 한다. 동승자와의 대화 운전은 운전상황의 공유가 가능하지만 통화 운전에서는 운전자의 상황이 공유되지 않기 때문이다. 동승자는 운전자의 주의가 필요한 상황이면 입을 닫고 상황을 함께 살핀다. 그러나 통화자는 운전자가 차선변경을 하는지 추월이나 급정거를 하는지 전혀 알지 못하고 자기 이야기를 계속 떠들어댄다.

우리 뇌는 생각만큼 '멀티태스킹'에 능숙하지 못하다. 걸으면서 생각하는 것은 쉬운 일 같지만 조금만 보행속도를 높이면 생각은 저 멀리 달아나 버린다. '멀티태스킹'이란 사실 동시에 여러 가지 일을 하는 것이 아니라 근접한 시간대에 이 일 저 일을 왔다 갔다 하는 것에 가깝다. 운전 중 통화를 하면 주의능력이 떨어지고, 신체의 반응속도와 제

동시간이 느려진다.

내로남불을 손가락질하지만 그 손가락은 곧 자신을 향하기 쉽다. 우리의 인식은 제한되어 있고, 이중적이다. 우리는 누구나 내로남불의 심리에서 자유롭지 못하다.

우리 안의 편향들

지각과 물자체

우리는 자신이 보고 듣고 기억하는 것을 맹신하는 경향이 있다. 그러나 인간의 감각기관과 그 정보를 처리하는 뇌는 불완전하고 생각보다 취약하다. 한마디로 우리의 인지능력에는 한계가 있다.

책상은 평평한가? 육안으로 보면 매끈하고 광택이 나지만 현미경으로 들여다보면 울퉁불퉁하고 굴곡이 있다. 정사각형이지만 가까운 쪽 변은 길고 먼 쪽 변은 짧게 보인다. 빛이 있는 쪽은 밝고 없는 쪽은 어두우며 암흑이 되면 색깔도 없다. 시각은 시점(視點)과 원근과 빛에 좌우된다. 어릴 적 크게 느껴지던 집이며 마을이며 저수지가 작게 보이는 것은 내가 컸기 때문이고 주로는 시선의 높이가 달라진 때문이다. 올려다보는 것은 크고 내려다보는 것은 작다. 곤충은 모자이크처럼 세상을 보고, 거미는 여덟 개의 눈으로 세상을 본다. 새들은 자외선을 볼 수 있고, 개나 고양이는 두 개의 원추세포로 세계를 본다. 양서류, 파충류는 4원색, 5원색의 광(빛)수용체를 가진 종도 있다. 따라서 인간과 이들 동물이 보는 세상은 다르다. 서로 다른 세상을 보는 것이다.

인간의 조상을 찾아 올라가면 척추동물인 어류에 이른다. 사람의 손은 물고기의 앞 지느러미에서, 허파는 부레에서 유래했다. 물속에서 살았던 우리 조상의 눈은 3개였다고 한다. 머리 옆에 2개, 머리 위의 1개(두정안)가 그것이다. 두정안으로 명암을 감지하고 머리 위쪽의 적이나 먹이를 주시했다. 지금도 칠성장어나 장지뱀은 머리 위에 제3의 눈을 가지고 명암을 감지한다고 한다.

거미와 곤충과 새와 고양이와 사람이 보는 세상이 이처럼 제각각 다르다면 실체는 과연 하나일까? 우리가 보는 것이 진실일까? 지각과 동떨어진 물자체(이데아)가 존재하기는 하는 걸까?

주의력 편향

우리의 감각은 제한되어 있다. 우리는 빛의 일부만 볼 수 있고, 소리의 일부만 들을 수 있다. 자외선과 적외선을 보지 못하며, 가청주파수(20~20,000Hz)를 벗어난 소리(초음파, 초저주파)를 듣지 못한다.

감각할 수 있다 하더라도 모두 지각되는 것은 아니다. 세상에는 우리의 감각기관(눈, 귀, 코, 혀, 피부)에 작용하는 수많은 자극들이 있지만 그것들을 모두 받아들여 정보를 처리하는 것은 불가능하다. 우리 뇌는 중요하게 생각하는 일부의 것만 선별해서 처리하고 나머지는 무시하도록 진화했다. 우리는 감각할 수 있는 것의 일부만 지각할 수 있고, 지각하는 것의 일부만 관심을 가지며, 그 중 일부만 뇌에 저장되고, 저장된 것의 일부만 다시 꺼내 쓸 수 있다. 주의력 편향이란 어떤 것에 주의를 집중하다 보면 다른 것을 인지하지 못하는 현상을 말한다.

농구 동영상을 보여주면서 패스의 횟수를 맞춰보라는 문제를 내면 사람들의 절반가량은 영상 중간에 고릴라 분장을 하고 춤을 추는 이상한 여성이 등장해도 이를 전혀 보지 못한다. '보이지 않는 고릴라' 실험이다. 헤드폰을 통해 양쪽 귀에 동시에 두 가지 메시지(말, 노래)를 보내고 둘 중 하나만 집중하도록 하면 반대쪽 귀로는 특별한 정보를 포착하지 못한다.

신문에 실린 사진의 개수를 세어보라고 하면 그날의 헤드라인 기사를 놓치기 일쑤고, 자동차 운전자는 차량에 집중하여 오토바이를 잘 발견하지 못한다. 스마트폰을 보거나 전화통화를 하면서 걷다가 사고

위험에 직면한 보행자들도 흔하다.

우리가 어떤 것을 본다는 것은 다른 말로 어떤 것을 보지 못한다는 뜻과 같다. 주의력이라는 말 자체가 어떤 정보는 의도적으로 선택하고 다른 정보는 버린다는 것을 의미한다. 우리는 쉽게 주의력 편향에 빠지며, 더욱이 자기가 보지 못한 것은 아예 존재하지 않는 것이라고 단정한다.

기억의 왜곡

우리의 기억은 사진기와 녹음기가 아니다. 사실을 있는 그대로 입력했다가 꺼내 쓰는 것이 아니다. 기억은 '사실'과 '전후의 정보'와 '상상력'으로 짜깁기된 가상의 건축물에 가깝다. 같은 모임에 참석한 사람들도 각기 기억하는 바가 다르다. 어떤 사람은 그 모임의 주제나 참여한 사람을 달리 기억하고, 자신이 그 모임에 참여했다는 사실조차 잊어버린다. 영유아기 때의 기억이라는 것도 대부분 실제 기억이 아니라 사후에 외부 정보(옛날 사진, 부모님의 이야기, 물건 등)에 약간의 상상력을 더해 가공된 것이다.

기억은 선택적이며 일상적인 것보다 감정의 요동이 심한 사건에 집중된다. 감정의 요동이란 좋은 것이든 나쁜 것이든 생존과 관련된 중요한 신호들이다. 우리의 뇌는 생존과 번식에 직결된 사건에 특별한 관심을 갖는다. 생일, 소풍, 운동회, 체벌, 싸움, 첫사랑, 결혼, 출산, 사고, 질병. 죽음. 그런 면에서 과거란 기억에서 사라진 무수한 일상들과 감정적으로 동요되는 몇몇 사건들의 집합이다.

10대 후반부터 20대 초반의 기억이 가장 오래 남는다. 중년, 노년이 되어서도 자기의 정체성이 20대 초반에 머물러 있는 것처럼 착각하는 것도 기억의 영향이다. 청소년은 노인보다 간지럼을 더 잘 탄다. 그만큼 자극에 민감하고 감수성이 예민한 시기다. 뿐만 아니라 인생에서 매우 중요한 의미를 갖는 진학, 졸업, 병역, 취업, 연애, 우정 등이 집중되는 시기다. 추억이 많은 사람이란 이 때에 좋은 경험을 많이 하고, 기억창고에 잘 저장해둔 사람이다.

끝내지 못하거나 완성하지 못한 일은 쉽게 마음속에서 지우지 못한다. 완결된 과제는 금방 망각하지만 완결되지 않은 과제는 오래 기억된다. 자이가닉 효과다. 그에 따르면 문제 풀이가 완결된 경우보다 중단된 경우에 푼 문제를 기억할 확률이 1.9배 높다고 한다. 정신의 긴장, 미련 때문이다. 짝사랑이나 원수, 은혜의 기억이 오래가는 것도 그 때문이다.

하나의 사건도 처음부터 끝까지 전부 기억되는 것이 아니다. 대부분 처음과 끝, 절정의 순간이 오랫동안 기억된다. 최고나 최악의 순간이 기억되고, 시작과 끝이 좋아야 좋은 것이다. 피크 엔드(peak-end) 기억규칙이다.

틀린 기억의 연구자에 따르면 부모에게 들었다면서 쇼핑몰에서 길을 잃은 경험을 말해달라고 하자 실제로는 그런 사실이 없음에도 응답자의 25%가 생생하게 그 경험을 묘사했다고 한다. 열기구를 타고 있는 어린 시절의 조작된 사진을 보여주며 그 경험을 말해달라는 실험에서도 마찬가지였다. 사람은 사소한 암시, 착각으로도 얼마든지 기억이 왜곡될 수 있는 것이다.

부족주의 경향

친하게 지내던 같은 반 학생들이라도 수학여행을 가서 방을 나누면 방과 방 사이에 갈등과 경쟁이 시작되고 심한 경우 폭력사태가 발생하기도 한다. 우리는 더 작은 집단으로 나누고 그에 귀속하려는 경향이 있다. 오늘날과 같은 지구촌 시대에도 부족주의, 부족회귀 경향은 여전히 존재한다.

인간은 수천 수만 명 이상이 협력하고 연대하는 방식으로 진화한 것이 아니다. 오랜 세월 가족 및 가까운 혈족 단위의 소집단으로 진화해왔다. 많아야 몇십 명에서 몇백 명 단위를 넘지 않은 것이다. 우리의 뇌가 큰 수에 대해서는 둔하고 심지어 무감각한 것은 그 때문이다. 수십 수백 명의 군중까지는 헤아릴 수 있지만 그것을 넘어가면 규모를 가늠하기 어렵다. 집회나 시위 현장에서 경찰 추산과 주최 측 추산 군중 수가 차이가 나는 이유다. 억 단위를 넘어 조, 경 같은 숫자는 그저 엄청나게 큰 수를 의미할 뿐 그 의미와 정도를 잘 체감하지 못한다.

우리가 개인적으로 알고 지내고, 믿고, 감정적으로 교감할 수 있는 사람 수는 최대 150명이고, 이는 인류가 시작된 이래로 변하지 않았다고 한다. 이른바 '던바의 수'이다. 사람(연령, 성별, 직업, 성격)에 따라 다소의 차이는 있겠지만 그 수가 일정한 것은 관계의 형성과 유지에 들이는 우리의 시간, 인지적 노력, 비용이 한정되어 있기 때문이다. 우리는 사람을 사귀고 관계를 유지하는 일 말고도 일을 하고 밥을 먹고 잠을 자야 하며 휴식도 취해야 한다.

그리하여 오늘날에도 한 사람의 인적 네트워크는 대개 몇백 명 수준을 넘지 못한다. 궁금하면 지금 내 핸드폰에 저장된 사람들의 수를 한 번 세어보라. 근래 활발하게 이용되는 SNS는 또 하나의 방이요, 부족으로 기능한다.

거울뉴런

동조실험에 따르면 가짜 피험자들이 명백히 틀린 답을 정답이라고 말할 때 자기 생각대로 진짜 정답을 말한 사람은 67%이고, 피험자에 동조하여 틀린 답을 정답이라고 말한 사람이 무려 33%에 이르렀다고 한다. 혼자서 답할 때는 정답률이 거의 100%였던 매우 단순한 질문이었다. 물론 그들도 틀린 답이라는 것을 알고 있었다. 다만 튀고 싶지 않았을 뿐이고 혹시 자기가 착각한 것이 아닐까 의심했을 뿐이다.

사람은 집단생활을 하는 종이고 한 사회의 구성원이 되기 위해서는 공동체의 생각과 믿음을 수용하고 구성원들 다수와 동조, 공감하는 것이 필요하다. 동조는 그 자체로 생존과 번식을 위한 선택이다. 동조를 통해 우리는 시행착오를 줄이고 공동체와 융화하고 생존을 도모했다. 나무에서 초원으로 내려온 인간 종을 상기해보자. 숲속 생활에서 추방은 개체에게 단지 괴로운 일이었지만 포식자에게 노출된 사바나(초원)에서는 사형선고나 다름없다.

피실험자에게 청중 앞에서 즉석연설을 해달라고 요청하고 청중들로부터 침을 채취했는데 초조함, 걱정과 관련 있는 코르티솔이 추출됐다고 한다. 연사의 스트레스가 피실험자에게 전염된 것이다. 청중은 자신감이 넘치는 연사는 편안해했고, 초조해하는 연사가 나오면 함께 불안해했다. 코르티솔은 스트레스가 발생할 때 부신피질에서 분비되어 혈류를 타고 흐르는 호르몬이다.

사람의 뇌에는 '거울뉴런'이라는 신경세포가 있다(물론 원숭이의 뇌에도 있으며, 처음에 발견된 것도 원숭이의 뇌였다). 이 신경세포는 내가 특정 행동을 할 때와 마찬가지로 다른 사람이 같은 행동을 하는 것을 볼 때도 동일하게 활성화되는 뉴런이다. 거울뉴런은 자신의 행동과 다른 이의 행동을 구분하지 못하며, 똑같이 반응한다.

남이 하품을 하면 나도 하품을 하고 아이가 넘어지면 같이 아픔을 느낀다. 스포츠경기를 보면서 화면 속 선수들처럼 몸을 움직이고, 가족이 주사를 맞으면 나의 뇌의 고통중추에 불이 들어온다. 거울 뉴런은 우리가 남들의 생각과 느낌에 공감하도록 하고, 감정을 이입하게 한다. 공감의 기원은 신체적 동조와 감정의 확산이고, 그 기제는 거울뉴런의 작용이다. 거울뉴런이 없다면 공감도, 문화도 존재할 수 없다.

거울뉴런은 나와 상대가 동일시될 때 더욱 활성화된다. 낯선 사람보다 지인, 친척, 친구일 때 동조, 전염이 더 빠르고 일반적이다. 경쟁하는 상대나 정체성이 다른 존재에 대해서는 동조가 아니라 전혀 상반된 감정이 발현되기도 한다.

내집단 편향

우리는 같은 인종의 사람은 잘 구별해도 다른 인종의 얼굴은 잘 분간하지 못한다. 그간 다른 인종과는 별로 교류할 기회가 없이 분리된 채 살아왔고, 따라서 그들은 개체가 아니라 집단의 일원이나 사건으로 인식하면 족하였기 때문이다. 우리가 종이 다른 원숭이나 침팬지의 얼굴을 잘 구별하지 못하는 것과 같은 이치다.

외집단 구성원은 모두 비슷하고 동질적이라는 착각을 '외집단 동질성 편향'이라 부른다. 이런 편향으로 인해 우리는 종종 집단과 개인을 구별하지 못하고, 개인의 잘못을 집단 자체의 성향으로 치부한다. 흑인은 모두 거칠고 폭력적이며, 유대인은 탐욕적이고, 아시아인은 배타적이라고 생각하는 식이다. 특히 이러한 편향은 범죄자와 목격자(피해자)가 서로 다른 인종일 때 사법제도의 운영에 심각한 지장을 초래하기도 한다. 잘못된 기억과 증언으로 다수의 억울한 범죄자가 생겨날 수 있는 것이다.

인종뿐만이 아니라 우리는 민족, 국가, 지역, 계층, 학교, 혈연, 종교공동체 등 다양한 범주의 내집단과 외집단을 형성하고 그 관계 속에서 살아간다. 그리고 대부분의 내집단과 외집단은 나의 의지나 노력과는 상관없이 우연하고 때로는 사소한 기준에 따라 나뉜 것들이다.

문제는 단지 동전 던지기로 편을 나누어도 내집단에는 곧 일체감이 생기고 외집단에는 이질감이 생긴다는 것이다. 내집단에 대한 소속감이 커질수록 외집단에 대한 반감도 상승하며, 내집단에 대한 맹목적인 지지와 동조는 외집단에 대한 맹목적인 적대와 혐오로 이어진다.

라이벌 대학의 미식축구 경기 영상을 보고 반칙을 적발하도록 했더니 피실험자가 어느 학교 소속이냐에 따라 반칙 회수가 5:5가 되기도 하고, 3:7이 되기도 했다. 그들은 같은 게임을 보았으나 실은 서로 다른 게임을 본 것이다. 농구경기에서 백인심판은 흑인 선수에게 반칙을 더 많이 선언하고, 흑인심판은 백인 선수에게 더 많은 반칙을 선언한다는 보고도 있다.

유럽 대학의 연구자들에 따르면 자기가 응원하는 축구팀의 팬과 라이벌 팀 팬의 손에 각각 전극을 부착하여 전류를 흘려보내자 그 신경반응은 정반대였다고 한다. 전자가 고통을 받자 피실험자의 뇌에서는 공감(고통)의 영역이 활성화되었고, 후자가 고통을 받을 때는 오히려 기쁨을 관장하는 뇌의 영역이 활성화되었다는 것이다.

혐오 본능

우리는 더러운 것, 이질적인 것, 외부자들에 대한 혐오의 본능이 있다. 이러한 혐오는 본질적으로 감염병에 대한 두려움으로부터 나온다. 외집단은 적(공격과 침탈의 대상)일 뿐 아니라 새로운 감염원이다. 인류사를 통틀어 다른 모든 원인에 의한 사망을 합한 것보다 감염병에 의한 사망이 더 많다.

14세기 유럽에 흑사병이 창궐했을 때는 유럽 인구의 1/3가량이 죽었다. 콜럼버스의 아메리카 상륙 당시 약 1,800만 명에 달하던 원주민의 90%를 죽음으로 내몬 것도 침입자들의 학살이 아니라 유럽인들이 가지고 들어온 천연두, 디프테리아, 홍역, 결핵과 같은 병원균이었다.

집단을 작고 배타적으로 만들면 그만큼 질병에 노출될 위험이 줄어든다. 열대지방은 고온으로 질병의 온상으로 불리는데 적도지방의 언어공동체는 다른 언어공동체에 비해 구성원의 규모가 수십 수백 명 단위로 매우 작다. 언어와 종교가 감염원에 대한 장벽의 역할을 하는 것이다.

혐오본능은 본래 생존본능, 질병 회피 본능이다. 쉽게 혐오감을 느끼는 사람일수록 질병에 걸릴 확률이 낮다. 사람의 콧구멍이 침팬지류와 달리 땅을 향한 것은 병원균의 침입을 회피하기 위한 진화라고 한다. 양념은 본래 맛이 아니라 식재료에 들어 있는 유해세균과 미생물을 제거하기 위한 목적에서 기원했다.

산모의 입덧은 (태아를 위해) 면역적 관용상태에 있는 산모가 감염원(음식)에 보이는 거부반응이다. 주로 커피, 술, 고기, 동물성 지방, 우유, 달걀, 해산물을 섭취할 때 나타나며, 이들 음식은 모두 세균에 감염되기 쉽고, 태아에게는 치명적인 위협이 된다.

입덧의 원인으로는 산모의 호르몬 변화(에스트로겐, 프로게스테론의 증가) 또는 태아가 만들어내는 호르몬(GSF15 단백질)이 거론된다. 어쩌면 산모와 태아 양쪽의 협업일 수도 있다. 정확한 이유가 무엇이든 입덧은 임산부와 아이에게 이로우며 입덧하는 여성은 유산확률이 낮고, 더 크고 건강한 아이를 낳는다. 임신 초기의 여성은 외국인 혐오를 더 심하게 보이고, 전염병이 유행하면 사람들은 정권에 순응하고 보수적인 성향이 된다.

인지 부조화

우리에겐 일관성에 대한 선호 또는 강박 같은 것이 있다. 당신은 감정변화가 심한 사람이 좋은가, 한결같은 사람이 좋은가? 누구나 후자라고 대답할 것이다. 전자보다는 후자가 예측가능성이 높고, 불필요한 인지적 에너지를 소모할 필요가 없기 때문이다. 그러나 일관성은 가치중립적이고 무조건 좋은 것인가? 일관되게 나쁜 사람은 좋은 사람인가? 진정한 일관성이란 무엇을 말하는 것일까?

인지 부조화란 생각과 행동이 서로 모순되거나 기존 신념과 배치되는 가치, 정보, 사실에 직면할 때 우리가 느끼게 되는 불안과 스트레스를 말한다. 몸에 해롭다는 것을 알면서도 술·담배를 하거나, 마음먹고 고가로 구매한 제품이 생각만큼 가치가 없을 때, 자기가 뽑은 대표가 형편없이 실망스러운 모습을 보일 때 우리는 불편하고 또 스트레스를 받는다.

당연히 이러한 부조화 상태를 해소하고 불안과 스트레스에서 벗어나기 위해 노력하며, 여러 가지 심리적 기제를 동원한다. '적당한 음주는 오히려 건강에 좋아', '스트레스를 받느니 담배를 피우는 게 낫지', '다른 차를 샀다면 유지비가 엄청났을 거야', '누굴 뽑아도 마찬가지야' 등등.

특히 자기가 선택한 것의 가치를 확신하고 선택하지 않은 것은 평가 절하한다. 선택한 것의 긍정적인 측면은 과장하고 폐기한 것의 부정적인 측면을 부각한다. 그래야 잘못된 선택으로 인한 후회와 고통에서 벗어날 수 있기 때문이다. 문제는 당초의 선택이 그렇게 신중하지도 합리적이지도 않다는 것이다.

스웨덴 연구팀이 참가자들에게 여러 명의 여성 사진을 쌍으로 보여주면서 각 쌍 중 누가 더 매력적인지 선택하도록 하였다. 그리고 참가자들이 선택하지 않은 여성 사진을 보여주며 왜 그녀를 선택했는지 질문하자, 피실험자의 75%는 그것이 자기가 선택하지 않은 사진이라는 사실을 몰랐고, 더 놀라운 것은 그 사진 속 여성이 매력적인 이유를 상세하게 설명했다고 한다.

정치적 선택에 있어서도 우리는 똑같은 눈먼 선택과 합리화 경향을 보인다. 실제로는 감정(정서)과 정체성, 연고 관계에 따른 투표를 하면서도 오로지 정책과 이성에 따른 투표라고 강변하며, 잘못된 선택임이 판명되었을 때조차 순순히 이를 인정하기보다 다른 탓으로 돌린다.

인지부조화를 해소하려는 심리적 기제가 없다면 사람들은 자신의 잘못된 행동이나 선택에 따른 후회와 불안, 혼란으로 더 괴롭고 고통스러울지도 모른다. 그런 점에서 이 또한 평온한 생존을 위한 하나의 적응이다. 그러나 진실(사실)을 있는 그대로 받아들이고 생각과 행동을 바꾸는 것에 방해가 된다. 더욱 중요한 것은 인지부조화를 꺼리는 그러한 심리가 우리를 종종 확증편향의 길로 안내한다는 것이다. 기존 신념에 부합하는 사실과 증거만 좋아하고 그와 배치되는 사실과 증거에는 아예 눈을 감아버리는 것이다.

고정관념의 역설

총을 든 사람 사진을 보면 버튼을 누르는 실험을 했을 때 피실험자들은 백인보다 흑인 사진을 보고 훨씬 빨리 버튼을 눌렀고 그만큼 오류도 많았다. 흑인 중에 총기 강도가 많다는 고정관념이 그들의 손가락 시늉만 보고 총을 든 것으로 오해하게 한 것이다.

고정관념은 가해자나 일반인뿐 아니라 그 피해자들에게도 영향을 미친다. 여자는 수학, 과학, 공학에 약하다는 고정관념 때문에 여학생들은 같은 여학생끼리 시험을 볼 때보다 남학생과 수학시험을 볼 때 더 낮은 성적을 낸다고 한다.

그 밖에도 고정관념의 폐해를 보여주는 이야기는 많다. 사실 모든 고정관념은 폐해가 있다. 고정관념은 정형화되고 일반화된 생각이어서 언제나 예외와 오류가 있기 때문이다. 흑인 중에 마약 범죄자가 많다고 해서 모든 흑인이 마약 범죄자는 아니며, 백인 중에 인종차별주의자가 많다고 해서 모든 백인이 인종차별주의자는 아니다. 특히 그 희생자에게는 너무나 억울한 일이 아닐 수 없다. 우리가 '고정관념은 나쁘다'는 고정관념을 가지게 된 것도 바로 그런 이유 때문이다.

그렇다면 왜 고정관념은 사라지지 않았을까? 왜 우리는 수많은 고정관념을 가진 존재로 진화한 것일까?

고정관념이나 선입관은 오랜 공동체적 경험의 산물이고, 진화적 이유가 있으며, 대체로 타당하다. 우리는 고정관념이나 선입관으로 인해 힘들이지 않고 빠른 의사결정과 선택을 할 수 있다. 싸우느냐 도망가느냐, 신속히 결정해야 하고 그렇지 않을 경우 죽음에 이를 수도 있는 원시 인류에게 고정관념과 선입관은 생존에 필수적인 요소였다.

중요한 것은 상대가 나를 해칠 존재인지 아닌지, 짝짓기 상대로 적합한지 아닌지 순식간에 구별할 수 있는 첫인상이었으며, 이를 가능하게 한 것이 고정관념과 선입관이다. 잠재되어 있던 고정관념과 선입관이 일시에 작동하여 잠깐의 관찰과 대화만으로 일정한 인상을 형성하는 것이다.

오랜 진화의 과정에서 첫인상이 부정확한 개체(유전자)는 도태되고 정확한 개체(유전자)가 (자연)선택되었으며, 인류 전체에서 첫인상의 정확도가 크게 향상되었다.

몇십 초 동안 음소거된 강의 영상을 보여주고 교수를 평가하도록 한 결과와 한 학기 동안 수강한 학생들에게 교수를 평가하도록 한 결과는 큰 차이가 없었다. 면접관이 실제로 입사지원자를 면접하고 평가점수를 매긴 결과와 피실험자에게 그 면접 영상을 잠깐 보여주고 점수를 매기게 한 결과도 거의 일치했다.

은 어디에

모호성 회피

과학이 발달하지 않은 과거에는 천국이나 신의 존재를 상상하는 것이 자연스러웠다. 그러나 과학기술이 눈부시게 발달하여 하늘에 천국이 없고 우주에 신이 없다는 것을 알게 된 지금도 종교는 여전히 번성하고 있다. 세계에는 4,000여 개의 크고 작은 종교가 있고 약 80% 사람들이 종교의 영향을 받는다. 그야말로 호모 렐리기오수스, 종교적 인간이다. 이유가 무엇일까?

여기 검은 천으로 윗면이 가려진 조그만 유리 상자가 있다. 당신은 그 안에 어떤 물체가 들어있는지 모른다. 만약 구멍에 손을 넣어 만져보고 물체의 이름을 맞추라고 한다면 당신은 어떤 느낌일까? 실제로 그와 유사한 예능프로그램이 있었다. 출연자들은 상자 안의 물체가 무생물이든 생물이든 상관없이 잔뜩 긴장하고 조심조심 더듬었으며 사소한 촉각에도 손을 빼고 소스라치게 놀랐다. 방송프로그램이고 아주 위험한 물체가 들어있지 않으리라는 것을 알면서도 말이다.

다른 예를 들어보자. 여기 작은 공이 10개씩 들어있는 단지 2개가 있다. 첫 번째 단지에는 하얀 공 5개와 파란 공 5개가 들어있고, 두 번째 단지에는 하얀 공과 파란 공이 각각 몇 개씩 들어있는지 모른다. 만약 하얀 공을 고르면 10만 원을 받는다고 하면 당신은 어떤 단지에 손을 넣을 것인가? 아마도 첫 번째 단지를 선택할 것이다. 그렇다면 첫 번째 단지에는 하얀 공 4개와 파란 공 6개가 들어있고, 다른 단지에는 하얀 공과 파란 공이 각각 몇 개씩 들어있는지 알 수 없다면 당신은 무엇을 선택할 것인가? 그때도 당신은 첫 번째 단지를 선택할지 모른다.

사람은 모호한 것을 회피하는 경향이 있다. 불확실한 것을 더 부정적이고, 위험한 것으로 생각하는 편향이 있는 것이다. 낮보다는 밤이, 앞보다는 뒤가 더 무섭게 느껴지는 것도 인간의 주된 감각인 시각이 제약되어 관련 정보를 취득할 수 없기 때문이다.

그러나 세상은 온통 불확실한 것으로 가득 차 있다. 우리는 내일 무슨 일이 일어날지 알지 못한다. 시험에 합격할지, 취직에 성공할지, 결혼에 골인할지, 아이를 순산할지, 승진을 할지, 아프거나 다치지 않을지 전혀 알지 못하는 것이다. 자연히 이 모든 것을 알고 주관하는 존재, 전지전능한 절대자를 상상하고 의탁한다.

죽음에 대한 두려움

우리는 모두 두려움과 고통에 민감한 유전자를 가진 존재들이다. 만약 두려움과 고통을 전혀 느끼지 않는 개체가 있었다면 그는 위험을 사전에 인지하거나 회피하지 못하고 이미 도태되었을 것이다.

인간이 부정편향을 가진 존재로 진화한 것도 같은 이유다. 우리는 긍정적인 것보다는 부정적인 것에 더 관심을 갖고 민감하게 반응하며, 오래 기억한다. 그렇게 함으로써 역설적으로 부정적인 결과를 경계하고 회피하는 것이다.

만약 우리에게 긍정적인 감정(좋은 기분)보다 부정적인 감정(나쁜 기분)의 종류가 더 많고 체감지수가 높다면 그 또한 진화의 결과이다. 우리의 생존과 번식에 후자가 더 중요한 영향을 미쳤고, 부정적 감정을 더 많이 가진 개체가 살아남았다는 증거다.

두려움이 우리를 삶으로 인도한다. 적절한 두려움은 생존과 번식에 유익한 것이며, 인간의 가장 원초적 감정이자 모든 동물의 보편적 감정이다. 두려움의 본질은 죽음에 대한 두려움이다. 모든 두려움이 두려움인 것은 그것이 최종적으로 죽음에 대한 두려움으로 귀착되기 때문이다.

그러나 인간의 목숨은 유한하고 우리는 죽음을 회피하지 못한다. 참호 속에는 무신론자가 없다는 말이 있다. 누구나 생사의 기로, 질병, 헤어날 수 없는 고통 속에 있으면 영생불멸의 절대자를 찾고 그에 의지하고 싶어진다. 죽음을 이해하기 위한 노력이 과학(철학)이라면, 죽음을 넘어서기 위한 노력이 종교다.

기도와 명상을 하면 뇌에서 쾌감과 행복과 사랑의 신경전달물질(도파민, 세로토닌, 옥시토신)이 분비된다. 뇌파를 측정하면 안정상태의 알파파와 수면상태의 델타파가 나타난다. 프랑스 출신의 티벳 불교 승려 마티유 리카르는 세상에서 가장 행복한 사람으로 불린다. 여러 개의 뇌파 감지 센서를 그의 뇌에 부착하여 측정한 결과 감마파가 최고 수준으로 발산되고, 좌측 전두엽피질이 크게 활성화되어 가장 행복한 뇌 상태를 보였다는 것이다.

정기적인 예배행위는 신도들의 소속감과 일체감을 향상시킨다. 종교인의 행복지수가 비종교인보다 높다. 종교를 가진 사람이 그렇지 않은 사람보다 더 장수하고, 더 건강하고, 더 행복하다. 내세가 존재하는지 여부와 상관없이 편안하고 고상한 죽음을 맞이할 수 있는 것만으로도 종교는 가치가 있을지 모른다.

종교를 단지 '인지적 결함이나 실패'라고 보는 사람도 있지만 종교 또한 인간의 문화적 진화의 산물이다. 인간의 생존과 번식에 유리했기 때문에 보편적인 문화 현상으로 자리 잡게 된 것이다.

종교의 기원

종교는 지금으로부터 약 5만 년 전에 탄생한 것으로 알려져 있다. 그때쯤 우리의 크로마뇽인 선조들은 죽은 사람 곁에 상아구슬 장식, 팔찌, 목걸이 등 장식물을 같이 묻었다. 내세 관념이 형성된 것이다. 이 시기에 이르러 비로소 인류는 존재의 근원이나 내세, 절대자를 상상할 수 있는 지적능력을 갖추게 되었다.

종교의 기원에 관해 진화심리학자들은 '오류관리이론'을 거론한다. 숲속에서 뭔가 바스락거리는 소리가 들렸다고 하자. 그냥 바람 소리일 수도 있고, 맹수의 움직임일 수도 있다. 그에 대한 예상 가능한 반응은 2가지다. 바람 소리를 맹수의 움직임이라고 생각하고 행동하는 것과 맹수의 움직임을 바람 소리라고 생각하고 행동하는 것, 전자가 긍정오류이고, 후자는 부정오류다.

긍정오류에 빠지면 최악의 경우 괜한 설레발을 친 것에 불과하지만 부정오류에 빠지면 그 결과는 치명적이다. 따라서 긍정오류를 가진 개체가 살아남고 번식하며 인간은 부정오류보다는 긍정오류를 선호하도록 진화했다는 것이다.

파스칼의 내기도 같은 이야기다. 신이 있는지 없는지 알 수 없는 경우 신을 믿는 것과 믿지 않는 것 중 어느 쪽이 더 합리적인 선택일까? 신이 없는데 있다고 생각하는 것보다 신이 있는데 없다고 생각하는 것이 훨씬 손해이고 치명적인 결과를 낳는다.

종교의 기원에 대해서는 그 밖에도 '의인화의 오류'나 '과도한 인과성 탐지의 오류'를 들기도 한다. 의인화의 오류는 자연 현상의 배후에 인간을 닮은 어떤 절대자, 인격체가 있다고 상상하는 버릇이고, 과도한 인과성 탐지의 오류는 인과관계에 집착하는 우리의 습성은 늘 현상 배후의 원인, 제1동인을 가상하게 한다는 것이다.

신은 존재하는가

신의 존재가 반드시 종교에 필수적인 것은 아니다. 불교는 기독교와 달리 어떤 초월적 존재나 절대자를 상정하지 않는다. 기독교인이라고 하여 반드시 하느님의 존재나 동정녀 출산, 부활과 내세를 믿어야 하는 것도 아니다. 비교종교학자 중에는 '믿는 사람에게는 신이 존재하고, 믿지 않는 사람에게는 신이 존재하지 않는다'고 말하는 사람들이 많다.

그러나 대부분의 종교인, 특히 종교지도자들은 신의 존재를 믿으며, 신의 대리인을 자처한다. 그러나 그들 중 일부가 탐욕과 육욕에 빠져 부정한 부를 축적하고 신도들을 성적 노리개로 삼는 행태를 보면 그들이 진정으로 신의 존재를 확신하고 두려워하는 것인지 의심스럽다.

신을 믿는 것은 오직 인간뿐이다. 이 지구상에서 신의 존재를 믿는 유일한 생명체가 바로 인간이라는 말은 거꾸로 신은 인간, 구체적으로 인간 뇌의 창조물이라는 것을 반증한다. 절대자가 존재한다면 그 피조물은 모두 신의 존재를 인지하여야 한다. 아들이 아버지를 인지하지 못할 수는 없다. 절대자가 하나라면 나라마다 민족마다 서로 다른 신이 존재할 수는 없다.

남자는 부성(父性)의 신을 더 상상하고, 여자는 모성(母性)의 신을 더 상상한다. 신을 남성으로 인격화하는 것은 인간사회의 구조적 불평등의 산물이다. 신이 존재한다면 남성이 아니라 무성(無性)이나 양성(兩

性)이어야 마땅하다. 일부는 전부가 아니고 부분적인 것은 완전한 것이 아니기 때문이다.

그리하여 누군가 신의 존재를 물으면 나는 이렇게 대답한다. "네, 신은 존재합니다. 5만 년 전부터 계시고, 4,000분 정도 됩니다. 남자이면서 여자이고, 남자도 아니고 여자도 아닙니다"

종교의 미래

종교는 본질적으로 평화와 사랑을 강조하지만 역으로 갈등과 분쟁의 원인이기도 하다. 세계 도처에서 종교의 이름으로 이루어진 전쟁과 학살을 상기해보라. 현재도 하마스와 이스라엘은 테러와 보복 전쟁을 계속하고 있다. 특히 유일신을 신봉하는 종교들이 그러하다.

'내 앞에 다른 신을 내게 두지 말라'는 유일신 주의는 상대에게 개종 아니면 죽음을 강요한다. 유신론자 파스칼조차 '사람은 종교적 확신에 찼을 때 가장 완벽하고 적극적으로 악을 행한다'고 말한다. 그러나 우리가 아는 기독교와 이슬람교는 진정 유일신 신앙이 맞는가. 도킨스의 지적처럼 성경에 나오는 사탄과 천사와 성모 마리아는 그렇다면 신인가, 인간인가?

성경을 신화와 상징, 비유로 보지 않고 과학적 사실로 믿는 사람들이 아직도 많다. 그들은 창세기의 일주일과 아브라함의 가계도를 계산하여 지구의 나이가 약 6천 년 정도라고 주장한다. 창세기의 1주일은 오늘날의 1주일과 동일한 시간개념이고 따라서 인간은 지구가 생긴지 불과 6일 만에 창조되었다는 것이다.

그들에게 지구의 역사가 약 46억 년이고, 현생 인류(호모사피엔스)

는 약 20만 년 전에 등장했으며, 하루 24시간으로 따지면 인류는 0시 0분 01초가 아니라 23시 59분 58초쯤 등장했다는 사실은 신성모독이다. 그들에게 진화에 관한 수많은 증거들과 지질학, 천문학, 고생물학, 화석학의 발견은 소용이 없고, 교과서의 구석기 시대와 농업혁명도 존재하지 않는다.

종교는 현세의 고통에 대한 보상으로 내세의 행복을 약속한다. 천국, 영생, 윤회 같은 것들이다. 그러나 왜 고통은 늘 현재형이고 행복은 미래형인가? 고통은 현금이고, 행복은 어음인가? 오늘 돈을 빌리고 다음 생에 돈을 갚겠다면 당신은 기꺼이 돈을 빌려주겠는가? 지연된 보상만을 약속하고 오늘의 고통에 눈을 감는 한 종교는 노예의 사상이라는 오명을 벗기 어렵다.

그리하여 오늘날 전투적 무신론자가 등장한다. 신은 존재하지 않고 종교는 인민의 아편이며 종식되어야 할 제도와 문화라는 것이다. 그들은 종교로부터의 자유를 소리높여 외치고, 종교인들의 커밍아웃을 촉구한다.

그러나 종교에서 삶의 의미와 행복을 찾는 사람들을 비난하고 조롱해서 무엇을 얻을 것인가? 신의 존재를 믿어 진실로 행복한 사람들에게 무신론을 설파하면 더 행복해지는가? 종교가 사라지면 과학은 종교를 대체하고 그 대안이 될 수 있는가?

종교가 가까운 미래에 소멸하지는 않을 것이다. 존재하는 것은 모두 역사가 있고, 존재의 이유가 있다. 그러나 많은 나라에서 젊은 신자들이 줄고, 기존 신도들이 점차 냉담자가 되어가는 것도 부인할 수 없는 사실이다. 종교의 미래는 결국 종교인 자신과 종교지도자들에게 달려 있을 것이다. 종교가 그 본질인 평화와 사랑과 자비와 덕을 선양하여 인류의 생존과 번식에 기여한다면 존속할 것이요 불화와 갈등, 전쟁을 조장하여 진화에 불리하다면 자연선택에 의해 도태될 것이다.

행복의 조건

행복의 두 종류

날개가 있는 것은 앞발이 없다. 뿔이 있는 것은 날카로운 이빨이 없다. 노루와 사슴은 뿔이 있고, 뿔이 없는 고라니는 송곳니가 있다. 모든 것을 다 가진 존재는 없다.

우리는 누구나 행복을 바란다. 행복을 염원하는 것은 인간의 특질이다. 피부색과 종교와 민족과 사회적 신분과 정치적 견해가 달라도 행복한 삶을 염원하는 면에서 인류는 모두 하나이고 동질적이다. 그러나 정작 행복이 무엇이냐고 묻는다면 선뜻 답하지 못한다.

불행하지 않은 것이 행복이라는 말은 실체 없는 순환론이고 말장난이다. 그런 식이라면 불행은 반대로 행복하지 않은 것이다. 행복과 불행에 대한 이와 같은 소극적 정의는 아무것도 적극적으로 규명하지 못한다.

행복에는 두 종류가 있다. 헤도니아와 에우다이모니아. 전자가 일시적 쾌락, 즐거움이라면 후자는 지속적 만족, 평온이다. 대체로 청년들이 전율과 흥분에서 행복을 찾는다면 노인들은 평온, 차분함에서 행복을 느낀다. 서양인들은 전자를 선호하고, 동양인들은 후자를 좋아한다는 견해도 있다.

행복을 어떻게 정의하든 그것은 고통을 줄이고 즐거움을 늘리는 것이다. 경험적 행복을 측정한 연구조사가 있다. '피실험자가 현재 하고 있는 일과 그때의 행복도(감정상태)를 수시로 체크해서 행복지수를 측정한 것'이다. 대체로 피실험자들은 섹스를 하거나, 취미생활을 하거나, 모임(회식)을 하거나, 안정된 직장에서 일할 때 행복지수가 높았고 반대로 출퇴근을 위해 통근할 때, 육아와 가사노동을 할 때 고통스러워

했다.

그렇다면 우리가 행복해지는 것은 너무나 간단하다. 행복지수가 높은 행위는 더 자주 많이 하고, 고통지수가 높은 행위는 더 적게 하면 되는 것이다. 그러나 사람 사는 일이 자기 맘대로 되는 것은 아니다. 하고 싶어도 하지 않아야 할 일이 있고, 하기 싫어도 꼭 해야 하는 일도 있다.

뿐만 아니라 우리가 느끼는 쾌락이나 희열은 일시적이다. 우리는 기름진 음식을 먹거나 섹스를 하면 쾌락을 느낀다. 생존과 번식에 유리한 행동을 하면 쾌감을 느끼도록 설계된 것이다. 쾌락은 유전자의 보존과 전파에 유익한 행동에 대한 보상이며, 바로 그 이유 때문에 일시적이다. 한 번의 식사와 섹스로 영원한 만족을 느낀다면 누가 또 음식을 먹고 섹스를 하겠는가? 그리하여 쾌락은 늘 일시적이고 갈증나는 것이며 영원한 쾌락은 없다.

행복의 조건들

우선 인과관계와 상관관계를 구분할 필요가 있다. 우리가 인과관계에 있다고 생각하는 것들의 많은 부분은 사실 선후관계나 상관관계로 보는 것이 타당하다. '정원 가꾸기'나 '골프'가 행복의 이유라고 말하지만 실은 정원 가꾸기(골프)를 할 수 있어서, 그만한 여가시간과 재력이 있어서 행복한 것일지도 모른다. 함께 술 마시는 부부가 더 오래 살고 행복하다는 연구결과도 마찬가지다. 술이 장수와 행복의 진짜 원인이라면 우리는 매일 술을 마셔야 한다. 그만큼 부부 사이가 원만하고, 삶에 여유가 있다는 뜻이다.

우리의 행복에 실질적으로 영향을 미치는 요소는 많다. 첫째는 유전자(DNA), 소질이다. 적극적이고, 외향적이며, 사교적이고, 정서가 안정된 사람이 행복하다. 성격과 소질이 행복한 삶에서 차지하는 비중이 35~50%에 이른다고 보는 사람도 있다. 외향성과 내향성은 그 사람의 에너지 수준을 기준으로 한 분류이고 안정성과 신경증은 말 그대로 정서적 안정감 수준으로 분류한 것이다. 대체로 전자가 후자보다 행복하다. 피실험자에게 인생을 살면서 가장 후회하는 것의 목록을 작성하게 했더니 하지 않아서 후회하는 것의 목록이 해서 후회하는 것의 목록의 2배였다고 한다.

일란성 쌍둥이 연구는 유전자의 중요성을 말해주는 동시에 유전자 결정론의 오류와 환경의 영향력을 확인해준다. 일란성 쌍둥이는 유전자가 100% 동일하다. 따라서 유전자의 영향이 절대적이라면 이들의 삶은 전적으로 또는 거의 같아야 할 것이다. 그러나 일란성 쌍둥이 중 한 명이 동성애자일 때 다른 한 명이 동성애자일 확률은 50% 정도라고 한다. 유전자의 영향이 크지만 절대적인 것은 아니라는 이야기다. 서로 다른 가정에 입양된 일란성 쌍둥이들을 추적 조사한 결과에 따르면 그들의 삶은 비슷하면서도 달랐다. 유전자는 운명이 아니라 개연성이다. 같은 씨앗이라도 기름진 땅에 떨어지면 꽃피고 열매 맺지만 황무지에 떨어지면 말라 죽는 것과 같다.

둘째는 그 사람의 성장환경이다. 어떠한 가정환경에서 어떤 부모 밑에서 성장했는가 하는 점이다. 애착이론에 따르면 어린 시절 결핍된 애착경험은 성인기까지 그 영향력이 지속되어 냉담하고 무정한 사람이 되고, 그 자식에게까지 이어진다고 한다. 가정의 화목과 사랑은 행복의 필수조건이다.

행복의 세 번째 요소는 그가 속한 사회·경제·문화적 여건이다. 어떤 나라, 어떤 사회에서 살고 있는가 하는 점이다. 사람은 공동체적인 존재이고, 제반 여건이 좋고 선진적인 사회에서 살고 있는 사람이 더 행복하다.

네 번째는 개인의 지위, 재산, 가족관계 등 개인의 상태이다. 돈이 많은 사람이 평균적으로 더 행복하다. 연소득이 10만 달러 이상인 사람의 절반가량이 스스로를 행복하다고 평가한 반면, 연소득이 3만 달러 이하인 사람의 25%만 자신이 행복하다고 느낀다. 기혼자가 미혼자보다 더 건강하고, 오래 살고, 행복지수가 높다는 것은 공지의 사실이다. 이혼이나 별거 중에는 교통사고를 당할 위험이 4배나 높다고 한다. 근래에 '독신주의'가 유행하지만 그에 대한 유전적 근거는 없다. 독신주의 유전자의 유전을 상상하기 어렵기 때문이다.

마지막으로 그 사람의 생각과 행동이다. 그가 어떤 가치관과 인생관을 가지고 있고, 어떤 행동을 하는가가 그의 행복에 영향을 미친다. 피실험자들을 둘로 나누어 어떤 그룹에는 나눠준 돈을 자신을 위해 쓰도록 하고 다른 그룹에는 남을 위해 쓰도록 한 다음 설문조사를 했는데 후자가 훨씬 더 행복해했다고 한다. 좋은 행동, 선행과 봉사 없이 행복은 완성되지 않는다.

이 모든 것들이 우리의 행복에 영향을 미친다. 그 중 어느 하나만으로 행복이 성취되기는 어렵다. 자기개발서나 행복론들이 공허한 것도 그 때문이다. 마치 한편의 영화처럼 잠시 환상에 젖을 수는 있지만 금방 가혹한 현실로 되돌아온다.

그러나 성격이나 소질을 마음대로 바꿀 수 없고, 부모나 가정환경을 선택해서 태어날 수도 없다. 사회·경제·문화적 여건 또한 개인의 의지와 노력만으로 바꾸기 어렵고 공동체 전체의 장기간의 노력이 필요하다. 지위·재산 가족관계 등은 개인의 노력 여하에 따라 바뀌는 것이지만 이 또한 하루아침에 변하는 것은 아니다. 내 노력만으로 바꿀 수 있은 것은 아무래도 나의 생각과 행동일 수밖에 없고, 그것이 아직도 행복론이 팔리고 있는 이유이다.

부와 행복

여기 1kg의 추와 50kg의 추가 있다고 하자. 당신의 눈은 안대에 가려져 있다. 당신이 추를 들어 올릴 때 무게 차이를 느낄 수 있으려면 추의 무게가 처음보다 얼마나 더 증가해야 할까? 1kg짜리 추는 200~300g만 무게가 증가해도 무게 차이를 느낄 수 있을 것이다. 그러나 50kg짜리 추라면 최소 몇 kg 이상이 증가해야 무게 차이를 인식할 수 있을 것이다.

무게 차이(가치)를 느끼는 데 필요한 추의 증가량은 추의 초기값에 비례한다. 초기값이 작으면 작은 증량으로도 차이가 느껴지지만 초기값이 크면 많은 증량이 있어야 차이를 느낀다.

화폐의 주관적 가치도 마찬가지다. 누가 길에서 1달러짜리 지폐를 주웠다고 하자. 그가 수중에 몇십 센트의 동전만 땡그랑거리는 사람이라면 1달러의 가치는 크다. 그러나 그가 백만장자라면 1달러짜리 지폐를 거들떠보지도 않을 것이다.

가진 것이 적은 사람은 부가 조금만 증가해도 행복지수가 대폭 상승한다. 그러나 가진 것이 많은 사람은 부의 증가폭이 훨씬 커야 행복도에 영향을 미친다. 최고소득집단의 행복도는 최저소득집단의 평균 2

배 정도라고 한다. 그러나 최고소득집단과 중간소득집단의 격차는 크지 않다. GDP가 상승하면 행복지수도 상승하지만 일정수준에 도달하면 큰 차이가 없어진다. 돈에도 한계효용체감의 법칙이 작용해서 일정수준 이상의 추가소득이 행복에 기여하는 정도는 갈수록 체감된다.

그리하여 한 사회의 행복 총량을 키우는 가장 간단한 방법은 가난한 사람의 부를 증가시키는 데 자원을 투자하는 것이다. 부자라는 한 가지 이유만으로 행복한 경우는 없지만 사람은 가난과 빚 하나로 충분히 불행하다.

행복한 나이

경쟁은 스트레스를 낳는다. 흰코뿔소 무리는 그들 수에 맞게 먹이(건초)를 여러 더미로 나누어 줄 때보다 한 덩어리로 줄 때 스트레스 호르몬(코르티솔) 수치가 급격히 상승했다. 먹이 경쟁과 다툼이 시작된 것이다.

야생의 세계에서 동물이 늙어 죽는 경우는 흔치 않다. 그 전에 굶어 죽거나 병들어 죽거나 포식자의 먹이가 되어 죽는다. 그러나 인간은 오랜 노년생활을 거쳐 죽음에 이른다.

유럽에서 연령대별 행복지수를 조사한 결과 15~24세 청소년들의 행복지수가 가장 높았고, 그 다음은 75세 이상의 노인들이었으며, 33~55세 사이 장년층의 행복도가 가장 낮았다고 한다. 행복도를 가로축, 나이를 세로축으로 하여 그래프를 그리면 U자 모양이 되는 것이다.

신체적으로 가장 건강하고 정력적으로 활동할 시기의 장년층이 실은 가장 불행하다는 얘기다. ∩자형 그래프를 상상한 사람들에게는 의

외의 결과처럼 느껴질지도 모르겠다. 중장년의 인생살이가 그만큼 만만치 않고 책임 또한 무겁다는 뜻이다.

그러나 우리나라에서 같은 조사를 한다면 그 결과는 사뭇 다르지 않을까 생각된다. 진학과 취업 등에서 과도한 경쟁과 스트레스에 시달리는 우리의 청소년들과 노인 인구의 40%에 달하는 빈곤층을 고려하면 우리의 생애주기별 행복지수는 유럽과 상당한 차이가 있을 것이다. 흔히 노년에는 4가지 고통을 겪는다고 한다. 가난, 질병, 고독, 그리고 아무런 할 일이 없는 무위의 고통. 따라서 노년을 행복하게 보내려면 일정한 자산, 건강, 친구, (소)일거리가 있어야 한다.

보수주의자와 자유주의자의 주관적 행복지수에도 비밀이 숨어있다. 자유주의자와 보수주의자의 말과 글, 사진을 종합분석한 결과 자유주의자의 행복지수가 보수주의자보다 더 높은 것으로 평가되었다. 그러나 행복을 더 가장하는 것은 오히려 보수주의자라고 하는데 그 이유는 다음과 같다. 자유주의자는 공정성과 사회책임을 강조하는 반면, 보수주의자는 능력주의와 자기책임을 강조한다. 자유주의자에게 불행은 사회적 문제에 가깝지만 보수주의자에게 불행은 곧 자기의 무능력과 실패를 의미하며, 그 때문에 행복을 더 가장한다는 것이다.

행운

동전을 4번 던져서 모두 앞면이 나올 확률과 앞면, 뒷면, 앞면, 뒷면 순으로 나올 확률 중 어떤 것이 더 낮을까? 전자가 훨씬 낮을 것 같지만 확률은 두 경우 모두 1/16로 똑같다. 동전의 앞면이나 뒷면이 나올 확률은 50%이고 따라서 번갈아 나오는 것이 일반적이란 생각 때문에 생긴 착각이다. 이른바 대표성 편향이다.

도박꾼의 오류가 있다. 동전을 9번 던져서 모두 앞면이 나왔다고 하자. 다음에 뒷면이 나올 확률은 몇 %일까? 그렇다 50%다. 9번 모두 앞면이 나온 것은 매우 희박한 확률(1/512)이지만 역시 우연일 뿐이고, 이러한 우연의 결과는 뒤의 우연에 아무런 영향을 미치지 않는다. 줄줄이 딸만 낳았다고 해서 다음에 아들 낳을 확률이 높아지는 것도 아니고, 지금껏 복권에 당첨되지 않았기 때문에 다음번 당첨확률이 높아지는 것도 아니다. 그러나 사람은 도박꾼의 오류에 빠지기 쉽다. 지금까지 계속 잃었으니 이제 딸 때가 됐다. 지금껏 불운했으니 이제 행운만이 계속되리라.

따지고 보면 오늘의 운세를 보는 것만큼 어리석은 일도 없다. 우리나라만 해도 같은 띠, 같은 나이의 사람이 최소한 수십만 명인데 어떻게 이들의 운세가 같을 수가 있겠는가? 그럼에도 우리는 꼭 내 이야기 같아서, 심심해서, 좋은 점괘를 보면 기분이 좋아져서 오늘의 운세를 본다.

적절한 행운은 물론 행복의 요소이다. 너무 큰 횡재는 오히려 액운을 불러오기도 하지만 복권 2등에 당첨되는 정도의 행운은 대체로 긍정적이다. 삶의 큰 변화 없이 그때그때 봉착한 어려운 문제를 해결하는 데 도움이 되기도 한다.

행운을 그저 우연으로 생각하지만 행운이나 악운을 만들어내는 것도 사람이다. 행운 또한 그 사람의 성격, 생각, 행동과 많은 관련이 있다. 낙관적, 적극적, 사교적인 사람은 새로운 경험과 기회를 더 많이 발견하고 행운도 더 자주 찾아온다. 여름에 출생한 사람의 행운율이 겨울에 출생한 사람의 행운율보다 높다고 한다. 겨울에 출생한 사람은 태어나자마자 겪는 추위 때문에 주로 실내에서 생활하고 외출이나 모험을 하지 못하며, 그런 습성이 체화되면 행운에 노출될 기회도 그만큼 줄어든다는 것이다.

목표 인물을 정해서 편지나 소포 보내기 실험을 한 결과가 있다. 편지나 소포를 직접 목표 인물에게 부치지 않고 자기와 친한 사람을 거쳐서 전달하게 했는데 그 결과 미국은 6명, 영국은 4명을 거치면 물건이 전달된다고 한다. 우리가 생각보다 훨씬 작은 세상에 살고 있다는 것이다. 우리 사회는 1.9명만 건너면 서로 아는 사이라고 한다. 땅덩어리가 좁고 각종 연고 관계로 얽혀 있는 것을 생각해보면 일리가 있는 이야기다.

'타인은 지옥'이고 '천국에서 단체생활하느니 지옥에서 혼자 살겠다'는 사람도 있지만 기회와 행운이 사람으로부터 오는 것은 부인할 수 없는 사실이다. 운이 좋은 사람은 남들보다 더 작은 세상에 살며 그 때문에 운 좋은 일과 마주칠 가능성도 더 커진다.

비교

은메달을 딴 사람보다 동메달을 딴 사람이 더 행복하다고 한다. 전자는 자신을 금메달리스트와 비교하지만 후자는 메달을 따지 못한 사람과 비교하기 때문이라는 것이다. 실제로 미국 코넬대 연구팀이 올림픽 메달이 결정되는 순간과 시상식 순간의 선수 표정을 분석해서 점수를 매긴 결과 동메달리스트의 행복점수가 은메달리스트보다 훨씬 높았다. 어쩌면 당연한 결과인지도 모른다. 마지막 경기에서 승리한 사람(3위)과 패배한 사람(2위)의 느낌이 같을 수는 없기 때문이다.

인간은 협력하고 경쟁한다. 인간에게 경쟁은 피할 수 없는 본성의 하나다. 짝짓기 가능성을 높이는 방향으로 진화하는 성 선택의 결과 우리는 비교하고 시기하고 경쟁하는 존재가 되었다. 질투도 경쟁도 없는 존재는 정체되고 퇴화하고 도태된다.

비교는 본래 상위비교다. 우리는 자기보다 나은 위치에 있는 존재와 비교하는 경향이 있다. 서열의 사다리 꼭대기에는 풍부한 먹이와 짝짓기 상대가 있기 때문이다. 그러나 지위 상승의 사다리는 가파르고 계단의 간격도 넓다. 오르기가 어렵고 잘못하면 굴러떨어진다. 우리가 쉽게 불행해지는 이유다.

오른손은 뜨거운 물에, 왼손은 얼음물에 넣었다가 미지근한 물에 두 손을 함께 넣어보라. 오른손은 차갑게, 왼손은 뜨겁게 느껴질 것이다. 중요한 것은 누구와 또 무엇과 비교할 것인가다. 나보다 못한 사람, 과거의 나와 현재의 나, 롤모델과 나를 비교하는 것이 좋다. 상위비교보다는 하위비교가 현명하다. 같은 돈으로 물건을 사는 것보다는 경험을 사는 것이 낫다. 물건은 비교가 되지만 경험은 값으로 매길 수 없다. 물건은 곧 식상하지만 경험은 평생 간직된다.

사람은 자기의 정체성을 어떻게 설정하는가에 따라 얼마든지 좋거나 나쁘게 변할 수 있다. 가짜 교도소 실험에서는 단지 동전 던지기로 교도관 역할과 죄수 역할을 맡았던 피실험자들이 진짜 교도관과 죄수처럼 돌변하여 큰 충돌이 발생하고 급기야 실험이 중단되기도 하였다.

희망

가장 좋아하는 요일을 순서대로 꼽으라면 어떻게 될까? 아마 토요일, 금요일, 일요일 순으로 시작해서 목요일, 수요일, 화요일, 월요일 순서로 끝나지 않을까 싶다. 금요일은 일하는 날이고 5일간의 피로가 쌓인 날임에도 일요일보다 좋은 이유는 주말(토요일과 일요일)이 바로 뒤따르기 때문이다. 일요일은 쉬는 날이지만 다음날이 월요일이기 때문에 선호도가 떨어진다. 희망과 기대가치 때문이다.

주4일제가 시행된다면 무슨 요일을 휴일로 지정하는 것이 좋은지 설문조사한 결과 3위는 월요일이, 2위는 금요일이 차지했다. 금요일이나 월요일을 휴일로 추가 지정하면 연휴가 길어지고 월요병이 사라지는 효과가 있다. 대망의 1위는 수요일이 차지했는데, 수요일을 휴일로 지정하면 더욱 재밌는 일이 발생한다. 일주일이 전부 휴일이거나 휴일 다음날이거나 휴일 전날로만 구성되는 것이다.

만약 당신에게 좋아하는 유명인과 키스할 기회가 허락된다면 당신은 언제 상대와 키스를 하겠는가? 지금 당장? 아니면 1시간 뒤? 3시간 뒤? 하루 뒤? 3일 뒤? 1년 뒤? 10년 뒤? 조사결과에 따르면 사람들이 가장 선호하는 것은 3일 뒤였고 그다음이 1년 뒤였으며, 지금 당장이라고 답한 사람은 그다음이었다. 역시 기대가치 때문이다. 희망과 기대의 시간을 조금 더 누리고 싶은 것이다.

반대로 당신이 고통스러운 치과(신경) 치료를 받아야 한다면 당신은 언제 치료를 받을 것인가? 지금 당장인가, 오늘 오후인가, 다음 주인가? 조사결과에 따르면 지금 당장, 오늘 오후, 다음 주 순이었다. 고통을 예상하면서 스트레스를 받느니 한시라도 빨리 치료받고 공포에서 탈출하고 싶기 때문이다.

우리는 모두 희망과 기대를 가지고 살고 있다. 상상력은 우리에게 고통을 주지만 한편으로 희망도 준다. 현실이 아무리 고통스럽더라도 희망과 기대가 남아있으면 견딜 수 있다. 우울증은 다름 아닌 기대의 상실, 미래를 희망하지 못하는 증상이다. 재혼은 경험에 대한 희망의 승리라고 한다.

같은 말기암 환자라도 긍정적 태도로 희망의 끈을 놓지 않은 사람들이 최소 몇 개월을 더 생존했다. 수녀들 200명의 자전적 진술서를 분석하고 삶을 추적했더니 환희, 사랑, 만족 같은 긍정적 단어의 빈도가 높은 사람이 평균 10년 정도 더 살았다고 한다. 수녀들은 모두 독신이고 같은 일을 하며, 경제적 수준이나 생활방식이 비교적 균일한데도 그와 같은 차이가 발생했다.

기대의 반대는 시간의 할인이다. 미래보다 현재를 더 높이 평가하는 성향이다. 오늘 100달러와 한 달 후 110달러 중 당신은 무엇을 택하는가.

웃음

아리스토텔레스는 인간만이 웃음을 가졌다고 생각했다. 이성과 교양을 지닌 인간의 고차원적인 특질이라고 본 것이다. 그러나 침팬지도 윗니를 덮고 아랫니를 드러내며 입을 벌린 채 웃는다. 웃음은 인간보다 먼저 생겨났으며, 음성언어(말)보다 먼저 발달했다. 물론 침팬지와 인간의 웃음은 다르다. 침팬지는 혼자 웃지만 인간은 함께 웃는다. 인간은 농담(언어)이라는 촉매제를 사용한다. 인간의 웃음은 본질적으로 사회적이다.

웃음은 놀이에서 기원했을 것으로 추론한다. 놀이는 그 자체로 즐겁고 저절로 웃음이 피어난다. 놀이는 때로 격렬한 신체활동을 동반하며, 상대에게 자신의 선의와 가해 의사가 없음을 표시해야 한다. 그것이 웃음의 출발이라는 것이다.

웃으면 혈관이 확대되고, 피의 흐름이 증가하며, 엔도르핀이 돈다. 걱정이 줄고 면역력이 좋아지며 통증이 완화된다. 스트레스를 주는 영화를 보면 혈류량의 35%가 감소하고, 코미디영화를 보면 22% 증가한다는 연구결과도 있다.

사람은 우는 얼굴보다 웃는 얼굴을 좋아하고 더 오래 지켜본다. 웃는 사람 주위에 모여든다. 혼자 있을 때보다 같이 있을 때 웃을 확률이 30배나 높다. 남과 함께 있을 때는 어색함을 지우기 위해, 친밀함을 표시하기 위해 의미 없는 유화의 미소도 여러 차례 짓는다. 혼자 코미디프로를 볼 때보다 여럿이 함께 시청할 때 우리는 더 자주 그리고 오래 웃는다.

뇌 속에는 거울뉴런이 있어 상대의 표정과 행동을 따라 한다. 찡그린 얼굴 사진을 보면 자신도 모르게 찡그리고, 미소 짓는 얼굴 사진을 보면 같이 미소지으며, 무표정한 얼굴 사진을 보면 따라서 무표정해진다. 화난 얼굴 사진을 보고 찡그리는 것은 쉽지만 미소 짓는 것은 어렵다.

대학교 졸업사진을 분석한 연구결과에 따르면 억지웃음이 아니라 진짜 웃음을 웃는 졸업생이 더 건강하고 행복하게 살았다고 한다. 진짜 웃음은 입이 아니라 눈이 웃는다. 뺨이 올라가고 눈이 가늘어지고 눈 주위에 주름이 잡힌다.

매력

미남, 미녀의 수감률이 그렇지 않은 사람보다 낮다고 한다. 수감률이 낮으므로 재범률(재수감률) 또한 낮다. 재범을 줄이기 위해 진짜 필요한 것은 교정·교화가 아니라 성형이라는 농담이 나오는 이유다.

톨스토이는 '아름다움을 선량함으로 여기는 것은 이상한 환상'이라고 했지만 거기에도 나름의 진화적 이유가 있다. 아름다움은 젊음, 활기, 건강, 생식능력을 뜻한다. 생존과 번식에 유용한 형질이고, 보는 이들에게 즐거움을 준다. 멋진 남성, 예쁜 여성을 보고 기분 나쁜 사람은 없다. 아름다움을 좋은 것, 선한 것으로 볼 근거가 적지 않은 것이다.

연구결과에 따르면 매력적인 외모를 가진 사람이 그렇지 않은 사람보다 장수하는 것으로 나타났다. 고등학교 졸업사진 속 인물의 매력도를 6등급으로 평가한 다음 그들의 평생을 추적·조사한 결과 매력도가 낮은 사람의 사망률이 높은 사람에 비해 유의미하게 높았고, 여성은 2년, 남성은 1년 먼저 사망했다고 한다.

누구나 미남, 미녀로 태어나면 좋겠지만 부모의 유전자를 선택할 수는 없다. 미남, 미녀의 기준이라는 것도 시대에 따라 변하기 마련이다. 그러나 자기 의지와 노력으로 매력을 배가하는 방법이 없는 것은 아니다. 세월이 흐르고 시대가 바뀌어도 변치 않는 그 방법은 환한 미소를 짓는 것이다.

미소는 그 사람의 선량함을 드러내고 매력을 배가한다. 우리는 미소 짓는 사람을 그렇지 않은 사람보다 더 매력 있고, 건강하고, 온화하고, 지적인 존재로 여긴다. 또 하나는 자신감이다. 같은 외모와 능력을 가지고 있더라도 자신감이 있는 사람이 훨씬 매력적이다. 사람은 내면이든 외면이든 어떤 매력이 있어야 한다. 자신만의 매력을 가꾸고 발산하는 사람이 성공하고 장수하고 행복할 확률이 높다.

공부

행복이 성적순은 아니지만 그렇다고 불행이 성적순인 것은 더더욱 아니다. 청소년기에 열심히 공부하고 미래를 준비하는 것은 그 자체로 보람과 기쁨이 있는 일이고 행복을 예비하는 일이다. 배움은 우리에게 깨달음과 성취감, 몰입의 즐거움을 가져다준다. 학업과 관련하여 참고할 만한 사례를 적어본다.

말로 전달한 정보는 약 10%만 기억되나, 시각자료를 곁들이면 기억률이 50%까지 올라간다고 한다. 역시 사람은 청각보다는 시각의 동물이다.

공부의 왕도는 복습이다. 우리가 어떤 것을 외우면 1시간 안에 외운 것의 60% 정도는 망각되고 나머지는 서서히 망각된다. 그러나 1시간 내로 이를 다시 외우면(재학습하면) 전체 기억이 천천히 망각된다. 따라서 한 번에 몰아서 외우는 것보다 일정한 간격을 두고 외우면 기억이 오래간다.

교사들은 수업시간 중 정면(44%)을 가장 많이 보고, 그 다음에 왼쪽(39%)을 많이 보며, 오른쪽(17%)을 가장 적게 본다고 한다. 조사결과 교사의 왼쪽에 앉은 학생들이 성적도 좋고 야단도 덜 맞았는데 이런 시선효과 때문이다. 우등생은 교사가 보기에 정면이나 왼쪽에 앉는다는 것이다.

인의 뇌는 1.5kg 정도로 전체 몸무게의 약 2.1%에 해당한다. 그러나 칼로리의 25%, 혈액의 1/4이 뇌로 간다. 그만큼 영양분과 혈액을 많이 쓴다. 그러므로 공부를 잘하려면 밥(탄수화물, 단백질, 칼슘)을 잘 먹고, 운동(혈액순환)을 열심히 하고, 잠(학습정보저장)을 잘 자야 한다. 머리를 쓰는 만큼, 발을 써야 한다. 특히 수면은 그날 학습한 내용을 장기기억으로 옮기고 이를 강화하는 데 중요한 역할을 한다.

책이 많이 있는 집의 아이들이 학업성적이 우수하다. 부모가 책을 읽어주는 아이와 그렇지 않은 아이 간의 학업성적의 차이는 없다고 한다. 책을 보는 부모가 책을 읽어주는 부모보다 중요하다는 것이다. 아이들은 귀가 아니라 눈으로 배운다. 가정의 문화와 모방이 더 중요한 문제다.

공부할 때와 시험 볼 때의 상태를 동일하게 유지하는 것도 중요하다. 어떤 기억을 저장할 때와 사용할 때의 상태가 동일하면 기억이 더 잘 난다고 하는데, 이를 '상태 의존적 기억'이라고 부른다. 실험결과 얼음물에 손을 담그고 단어를 외운 사람들은 얼음물에 손을 담글 때 더 많은 단어를 기억하고, 따뜻한 물에 손을 담그고 단어를 외운 사람들은 따뜻한 물에 손을 담글 때 더 많은 단어를 기억했다.

관용에 대하여

기적과 바보 사이

까마득한 옛날 빅뱅이 일어나고 순식간에 우주가 형성되었다. 우주에는 바닷가의 모래알보다 많은 은하가 있고, 각 은하에는 또 그보다 많은 수의 별이 있다. 우리가 살고 있는 지구는 이처럼 광활하고 끝이 없는 우주의 셀 수없이 많은 별 가운데 하나다.

다행히 지구에는 땅과 바다가 있었고, 산소와 물과 적당한 기온이 만들어졌다. 지구가 태양과 조금만 더 가까웠거나 멀어졌어도 생명은 애초에 존재할 수 없었을 것이다. 태양과 지구와 행성들의 중력이 조금만 더 세거나 약했다면 서로 뭉치거나 깨지거나 멀리 떨어졌을 것이다. 지구의 중력이 지금보다 약했다면 대기와 물은 지구 밖으로 흩어졌을 것이다.

바다와 물속에서 우연한 화학작용으로 단세포생물이 생겨나고 오랜 세월이 흘러 다세포 생물이 등장했다. 어류가 생겨나고 양서류, 파충류, 조류, 포유류, 영장류, 사람이 차례로 나타났다.

최초의 단세포생물에서 시작하여 수십 억 년을 대가 끊어지지 않아서 오늘의 내가 존재한다. 침팬지와 갈라진 때로부터 20~30만 세대에 이르도록 대가 이어져서 내가 있으며, 호모사피엔스 조상으로부터 7,000~10,000세대가 지나도록 대가 지속되어 내가 존재한다.

수천만 개에서 수억 개에 이르는 정자 중 하나가 난자 한 개와 결합하여 새로운 생명이 만들어지고, 불과 9개월여 동안에 30억 년 이상의 진화과정을 압축적으로 재현한 후 사람으로 태어난다. 생각하면 할수록 기적 같은 일이다. 우리는 존재 자체만으로 이미 기적이다.

그러나 목적도 방향도 없는 진화의 결과 우리는 여전히 불완전하고 허점투성이다. 우리의 인지능력은 제한적이고, 주의력은 편향되어 있으며, 기억은 왜곡되기 일쑤다. 우리의 심리와 행동은 시대착오적이며, 수렵·채집시대의 관성에서 크게 벗어나지 못했다. 역사시대가 개막한 지 5,000년이 흘렀지만 여전히 돌도끼를 손에 쥔 수렵·채집인의 모습을 탈피하지 못한 것이다.

역사시대 5,000년은 700만 년의 수렵·채집시대에 비하면 너무 짧은 기간이고 변화가 심해 새로운 진화적 특성을 형성하기 어려웠기 때문이다. 진화는 오랜 시간과 일정한 환경을 필요로 한다. 한마디로 우리 모두는 기적이자 바보들이다.

조금 다른

우리는 인간과 동물, 동물과 식물, 생물과 무생물 간에 결정적 차이가 존재한다고 생각한다. 그러나 세상의 모든 존재는 90여 가지 원소로 구성되어 있다. 그중 생물은 20가지도 안 되는 원소(탄소, 산소, 수소, 질소, 칼슘, 인, 황 등)로 이루어져 있으며, 원소 수준에서 보면 생물과 무생물은 별반 다르지 않다. 동물과 식물은 어떤가? 둘 다 세포로 구성되어 있고 영양소를 필요로 하며 대사와 번식을 한다. 식물도 스스로 움직인다. 식물이 성장하거나 꽃을 피우는 모습을 고속으로 재현한 영상을 보면 식물의 움직임을 한눈에 볼 수 있다. 덩굴식물(나팔꽃, 담쟁이)은 다른 물건이나 나무를 감고 오르며, 식충식물(파리지옥)은 곤충(파리, 거미, 나비)을 유인한 후 잎을 닫아 잡아먹는다. 걸어다니는 야자나무(워킹팜)는 1년에 4~20㎝ 가량 자리 이동을 한다.

동물은 계통발생을 공유한다. 수정 후 2~3주 정도 된 배아는 사람이나 토끼나 거북이나 물고기나 그 모습에 큰 차이가 없다. 사람의 배아에서는 어류(아가미와 꼬리)의 흔적이 생기다 사라지고, 태아의 손에서는 파충류의 근육이 만들어지다 없어진다.

모든 생물은 하나의 나무에서 뻗어 나온 여러 개의 가지이고, 침팬지와 인간은 갈라진 지 700만 년 된 친척이며, 인간은 인종과 피부색을 불문하고 모두 아프리카 조상의 후손이다.

세상 만물은 천차만별이고 똑같은 것이 하나도 없지만 본질에 있어서는 크게 다르지 않다. 원소이거나 세포다. 지구상의 모든 존재는 그것이 생물이든 무생물이든 모두 같은 어머니(지구)에서 태어나서 같은 하늘과 햇빛과 공기와 바람 속에서 숨 쉬고 존재한다. 다르면서도 같고 같으면서도 다르다. 조금 다른 존재일 뿐이다.

존 로크와 볼테르

지금까지 인간이란 존재에 대해 많은 이야기를 했다. 우리 모두는 존재 자체가 경이이자 기적이라는 사실, 생존과 번식의 굴레를 벗어날 수 없는 엄연한 동물이자 진화의 산물이라는 사실, 누구나 자기 위주로 생각하고 행동하도록 만들어졌고 내로남불하는 존재라는 사실, 우리의 인식은 불완전하고 왜곡되어 있으며 수많은 편향에 노출되어 있다는 사실, 우리는 모두 유한하고 상처받고 고통받는 존재이며 더 행복한 삶을 염원하는 존재라는 사실 등등.

그리고 우리가 이처럼 기적이고, 바보이고, 상처받고, 서로 닮은 존재라는 사실로부터 도출되는 마지막 결론은 단 하나, 관용이다. 나와 타자에 대한 관용. 어쩌면 그 이야기를 하기 위해 멀고 힘든 길을 돌아왔는지도 모른다.

관용은 철학이 시작된 이후 계속된 주제였지만 특히 종교분쟁이 절정에 달하던 근대에 첨예한 화두가 되었다. 서로 종교가 다르다는 이유로 차별하고, 학대하고, 죽이고, 전쟁을 서슴지 않는 시대에 관용은 단지 철학적 테마가 아니라 절박한 생존의 문제였다.

존 로크는 국가(정치)와 종교의 분리를 주장하였다. 세속사회와 종교사회는 그 구성원리가 다르며, 따라서 서로 관용하고 개입해서는 안 된다는 것이다. 국가는 공동체의 영역이고 종교는 개인의 영역이다. 세속사회에서는 강제와 처벌이, 종교사회에서는 자율과 설득이 지배한다. 따라서 세속사회와 종교사회를 혼동하거나 국가가 종교를, 종교가 국가를 강요해서는 안 된다.

볼테르는 장 칼라스 사건을 계기로 유명한 관용론을 쓴다. 카톨릭교도와 개신교도의 갈등이 첨예한 프랑스에서 장 칼라스가 아들을 살해했다는 모함을 받는다. 개신교도인 아들이 카톨릭으로 개종하는 것을 막기 위해 칼라스와 가족이 아들을 살해했다는 것이다. 볼테르는 수많은 팜플렛을 써서 칼라스의 무고함과 처형의 부당성을 지적하였으며, 마침내 칼라스는 처형된 지 3년 만에 무죄와 복권이 선고되었다.

볼테르는 역사적 사실과 각종 문헌, 특히 성경을 예로 들어 관용을 설파한다. 종교의 참된 본질, 신의 진정한 가르침은 사랑과 관용에 있으며, 신의 여러 모습 중에서 질투하는 신, 분노하는 신, 처벌하는 신, 전쟁하는 신이 아니라 사랑하는 신, 용서하는 신이 본래의 진짜 모습이라고 호소하였다.

관용하라

오늘날에도 세계 곳곳에서는 종교와 민족, 이념의 차이로 인한 대립과 갈등이 계속되고 있다. 하나의 공동체 안에서도 지역과 계급, 성별, 연령, 정치적 신념에 따른 불신과 반목이 지속되고 있으며, 증오범죄도 자주 발생한다. 특히 한국사회는 하나의 공동체라고 보기 어려울 정도로 심하게 분열되어 있고, 서로 적대하고 있다.

경제적 양극화와 극심한 경쟁이 주된 원인이지만 여기에는 양당제와 대통령중심제와 같은 권력 구조도 구심력으로 작용하고 있다. 승자가 모든 것을 독식하고 상대가 실패해야 집권하는 권력 구조하에서 대화와 타협, 생산성 있는 정치는 어렵다. 미국과 한국 사회에서 유독 편 가르기, 진영논리, 가짜뉴스가 횡행하는 것은 그 때문이다.

정당이나 권력 구조만 문제가 아니다. 사람은 편리성을 추구하는 동물이다. 우리 뇌는 머리 쓰는 것을 싫어하고, 노력을 좋아하지 않는다. 자기 머리로 사실관계를 따지고 입장과 태도를 정하는 것은 많은 시간과 비용과 에너지를 소모하는 일이다. 인간의 인지적 에너지는 한계가 있고, 따라서 우리는 지름길을 택한다. 자기와 정체성을 같이 하는 준거집단(정당, 단체)을 정하고 그들의 입장과 견해에 그대로 동조하는 것이다. 고정관념과 선입견을 따르며 정체성과 감정에 따라 행동한다. 정서와 직관이 먼저고 이성과 논리는 단지 그 선택을 합리화하는 수단일 뿐이다. 미국의 심리학자 조너선 하이트의 표현에 따르면 '정서적인 개와 그의 이성적인 꼬리'다.

우리는 자신의 신념에 부합하는 사실과 증거는 좋아하고, 그렇지 않은 사실과 증거는 배척한다. 보이는 대로 보는 것이 아니라 보고 싶은 대로 보는 것이다. 그것이 쉽고 편하고 에너지를 아끼는 길이기 때문이다. 같은 시위화면을 보더라도 그것이 '낙태 반대 집회'라고 하면 공화당 지지자들은 경찰이 폭력적이라고 판단하고 '총기 소지 반대 집회'라고 하면 시위대가 과격하다고 평가한다. 반대로 민주당 지지자들은 '낙태 반대 집회'에서는 시위대가 과격하다고 판단하고, '총기 소지 반대 집회'에서는 경찰이 폭력적이라고 평가한다. 총기 소지 문제에서는 '자유'를 강조하는 보수주의자가 낙태 문제에서는 '통제'를 강조하고, 낙태 문제에서는 '자유'를 강조하는 진보주의자가 총기 소지 문제에서는 '통제'를 강조한다.

우리는 누구나 불완전한 존재이고 내 생각은 언제나 잘못될 수 있다. 대화는 당사자가 언제든지 자신의 생각과 견해가 잘못되었음을 인정하고 이를 바꿀 수 있다는 것을 전제로 할 때 의미가 있다. 그렇지 않다면 대화가 아니라 단지 일방적인 선전·선동·포교일 뿐이다. 그러나 불행히도 현실의 우리가 대화와 토론을 통해 견해를 바꾸거나 생산적 결론을 도출하는 경우는 거의 없다.

그 누구도 진실과 정의를 독점할 수 없고, 그것이 진실과 정의라 하더라도 이를 강요할 권리는 없다. 오로지 대화하고 설득하고 타협할 수 있을 뿐이다. 니체의 말처럼 지혜의 반대말은 무지가 아니라 확신이다. 세상에서 가장 위험한 사람이 있다면 아마도 살면서 책을 딱 한 권만 읽은 사람일 것이다. 하나만 알고 둘을 모르며, 아집과 독선에 빠지기 쉽기 때문이다.

죄수의 딜레마

'상대가 태도를 바꾸지 않는데 나만 바꾸는 것은 손해'라고 생각할지도 모른다. 그러나 그런 생각이야말로 상대를 스승으로 여기는 것이다. 욕하면서 배우고, 손가락질하면서 따라 하는 것과 같다. 누군가는 먼저 악순환의 고리를 끊어야 한다.

서로 도움을 주고받는 '호혜적 이타성'은 하나의 적응이고, 집단의 생존율을 높인다. 쥐는 서로의 머리를 핥아주어 종기를 예방하고, 새들은 부리가 닿지 않는 머릿속 진드기를 교대로 잡는다. 원숭이는 서로 털고르기를 하면서 기생충을 제거하고, 흡혈박쥐는 피를 나눠줌으로써 생명의 위기를 넘긴다. 혼자서는 할 수 없는 일을 협동을 통해 이루어내는 것이고, 서로 '윈윈'하는 것이다. 우리에겐 700만 년이라는 긴 시간 동안 공동으로 사냥하고 공동으로 채집하던 협동의 기억, 유전자가 있다.

상대가 도움만 받고 도움주기를 거부하는 배신자이거나 사기꾼이라면 어떻게 할까? 그에 관한 복잡한 논의가 유명한 '죄수의 딜레마' 이론이다. 결론부터 말하자면 원한을 가지는 것보다 관용하는 것이 유리하다. 원한을 가진 자는 상대의 배신을 잊지 않고 적대하며 관계는 단절된다. 반면 관용하는 자는 상대의 배신을 잊고 협력을 기다리며 관계는 회복된다. 원한을 가진 자는 상대를 계속 배제함으로써 스스로가 배제되지만 관용하는 자는 상대를 언제든 포용함으로써 자신이 포용된다.

관용은 모두에게 필요한 덕목이지만 더욱 절실한 것은 기성세대들이다. 관용은 본시 원융한 것이며, 어른의 몫이다. 특히 우리 사회를 과다대표하고 있는 중장년 남성들의 각성과 모범이 필요하다. 나이가 들면 고루해지기 쉽고, 자기 생각만 고집하면 꼰대가 된다.

어떤 새로운 행동이 집단 전체의 행동과 문화가 되기 위해서는 관찰 – 모방(흉내내기) – 동조(사회적 순응) – 습관(관습)의 과정을 거친다. 새것을 좋아하고 변화에 민감한 젊은이들은 그 과정에 적극적이지만 기성세대는 소극적이고, 나아가 그 변화를 거부하기도 한다. 옛 방식을 고수하고 새로운 변화를 받아들이지 못해서 자기도 모르게 걸림돌이 되고 마는 것이다. 잘 알려진 일본원숭이 이야기로 글을 마치겠다.

> 미야자키현 고지마 섬에는 일본원숭이 무리가 살고 있다. 해변에 고구마와 옥수수를 뿌려놓자 처음에 일본원숭이들은 흙 묻은 고구마는 껍질을 까서 먹고 옥수수 알은 하나씩 주워서 먹었다. 그러다 어떤 어린 원숭이가 고구마를 바닷물에 씻어 먹고 옥수수를 퍼서 바다에 던져 떠오른 것을 건져 먹었다. 그러자 다른 새끼 원숭이들이 따라 하고, 이어서 암컷(어미)들이 따라 했는데, 수컷들은 여전히 흙 묻은 고구마를 벗겨 먹고, 옥수수 알갱이를 한 톨 한 톨 주워 먹었다.

참고문헌

우리는 왜 먹고 사랑하고 가족을 이루는가? 미셸 레이몽 지음. 이희정 옮김. 계단

인간의 자리. 박한선 지음. 바다출판사

괴짜 심리학. 리처드 와이즈만. 한창호 옮김. 와이즈베리

이성의 동물. 더글라스 T. 켄릭·블라다스 그리스케비시우스. 조성숙 옮김. 미디어윌

심리학 오디세이. 장근영. 예담

뇌의 신세계. 세노 다케하루. 박혜림 옮김. 스타북스

착각의 쓸모. 샹커 베단텀, 빌 메슬러. 이한이 옮김. 반니

팩트의 감각. 바비 더피. 김하현 옮김. 어크로스

우리편 편향. 키스 E 스타노비치. 김홍옥 옮김. 바다출판사

마인드 버그. 엔서니 G 그린월드· 마자린 R 바나지. 박인균 옮김. 추수밭

설계된 망각. 탈리 샤롯. 김미선 옮김. 리더스북

돈보다 더 중요한 것들. 하노 벡· 알로이스 프린츠. 배명자 옮김. 다산초당

당신은 이미 읽혔다. 앨런 피즈· 바바라 피즈. 황혜숙 옮김. 흐름출판

생물학적으로 어쩔 수가 없다. 이시카와 마사토. 이정현 옮김. 시그마북스

인류 진화의 무기, 친화력. 윌리엄 폰 히펠. 김정아 옮김. 한국경제신문

이기적 원숭이와 이타적 인간. 마이클 토마셀로. 허준석 옮김. 이음

진화한 마음. 전중환. 휴마니스트

다윈이 자기계발서를 쓴다면. 테리 버넘 · 제일 펠런. 장원철 옮김. 스몰빅라이프

양복을 입은 원시인. 행크 데이비스. 김소희 옮김. 지와 사랑

처음 읽는 진화심리학. 앨런 S 밀러· 가나자와 사토시. 박완신 옮김. 웅진지식하우스

생물학 이야기. 김웅진. 행성B이오스
What am I 나는 누구인가. 나흥식. 이와우
뇌, 약, 구, 체. 박태현 외. 동아시아
당신이 옳다. 정혜신. 해냄출판사
보이지 않은 고릴라. 크리스토퍼 차브리스· 대니얼 사이먼스. 김명철 옮김. 김영사
털 없는 원숭이. 데즈먼드 모리스. 김석희 옮김. 문예춘추사
왜 인간의 조상이 침팬지인가. 재레드 다이아몬드. 노승영 옮김. 문학사상
이렇게 인간이 되었습니다. 박재용 지음. 미드
아주 명쾌한 진화론 수업. 장수철·이재성 지음. 휴머니스트
종의 기원. 찰스 다윈. 장대익 옮김. 다윈 포럼 기획 최재천 감수. 사이언스북스
호모에로티쿠스. 다케우치 구미코 지음. 태선주 옮김. 청어람미디어
다윈의 식탁. 장대익. 바다출판사
지울 수 없는 흔적. 제리코인. 김명남 옮김. 을유문화사
뇌내혁명. 하루야마 시게오. 반광식 옮김. 사람과 책
발칙한 진화론. 로빈 던바. 김정희 옮김. 21세기북스
선악의 진화심리학. 폴 블룸. 이덕화 옮김. 인벤션
숨겨진 인격. 데이비드 데스테노, 피에르카를로 발데솔로. 이창신 옮김. 김영사
이 모든 것을 만든 기막힌 우연들. 월터 앨버레즈. 이강환·이정은 옮김. 아르테
거의 모든 것의 역사. 빌 브라이슨. 이덕환 옮김. 까치
뼈가 들려준 이야기. 진주현 지음. 푸른숲.
다정한 것이 살아남는다. 브라이언 헤어·버네사 우즈 이민아 옮김. 박한선 감수. 디플롯
뇌, 인간을 읽다. 마이클 코벌리스 김미선 옮김. 반니.
착한 인류. 프란스 드발 오준호 옮김. 미지북스
신, 만들어진 위험. 리처드 도킨스 김명주 옮김. 김영사

관용론. 볼테르. 송기형, 임미경 번역. 한길사
관용에 대한 편지. 존 로크 공진성 옮김. 책세상
잔혹한 진화론. 사라시나 이사오 황혜숙 옮김. 까치.
괴짜 생물이야기. 권오길. 을유문화사
풀하우스. 스티븐 제이 굴드. 이명희 옮김. 사이언스북스
과학이 사랑에 대해 말해줄 수 있는 모든 것. 애나 마친. 제효영 옮김. 어크로스.
할아버지가 들려주는 다윈과 진화이야기. 파스칼 피크. 안수연 옮김. 에코리브르.
겁쟁이가 세상을 지배한다. 프란츠 M. 부케티츠. 이덕임 옮김. 이가서
우리 뇌는 왜 늘 삐딱할까. 하워드 J 로스. 박미경 옮김. 탐나는 책
영장류게임. 다리오 마에스트리피에리. 최호영 옮김. 책읽는 수요일.
인간의 두 얼굴. EBS 제작팀. 지식채널.
왜 다윈이 중요한가. 마이클 셔머. 류운 옮김. 바다출판사
인간은 야하다. 더글라스 T. 켄릭. 최인하 옮김. 21세기북스
몹쓸 기억력. 줄리아 쇼. 이영아 옮김. 현암사
스마트한 선택들. 롤프 도벨리. 두행숙 옮김. 걷는 나무.
그 남자의 뇌, 그 여자의 뇌. 사이먼 배런코언. 김혜리·이승복 옮김. 바다출판사
즐거움, 진화가 준 최고의 선물. 조너선 밸컴 지음. 노태복 옮김. 도솔.
생각에 관한 생각. 대니얼 카너먼. 이창신 옮김. 김영사.
타인에 대한 연민. 마사 누스바움. 임현경 옮김. 알에이치코리아.
우리는 꼬리치기 위해 탄생했다. 스티븐 다얀. 서영조 옮김. 위즈덤하우스
철학이란 무엇인가. 버트런드 러셀. 황문수 옮김. 문예출판사
도덕적 인간은 왜 나쁜 사회를 만드는가. 로랑 베그. 이세진 옮김. 부키
사회생물학과 윤리. 피터 싱어. 김성한 옮김. 연암서가
사피언스의 뇌. 아나이스 루. 뤼시 알브레히트 그림. 이세진 옮김. 윌북
이기적 유전자. 리처드 도킨스 홍영남·이상임 옮김. 을유문화사.

동물 안의 인간. 노르베르트 작서. 장윤경 옮김. 문학사상.

동물과 인간 사이. 프리데리케 랑게. 박병화 옮김. 현암사

날개 달린 형제, 꼬리 달린 친구. 제인 구달 외. 채수문 옮김. 최재천 감수. 바이북스.

이토록 뜻밖의 뇌과학. 리사 펠드먼 배럿. 변지영 옮김. 정재승 감수. 더퀘스트.

도둑맞은 집중력. 요한 하리. 김하현 옮김. 어크로스.

몰입의 즐거움. 미하이칙센트미하이. 이희재 옮김. 해냄.

호르몬 찬가. 마티 헤이즐턴. 변용란 옮김. 사이언스북스.

저자소개

김석

1965년 출생
고려대학교 법과대학 졸업
2002년 사법시험 합격
변호사, 산책가

조금 다른

초판발행 2025년 6월 10일

지은이 김 석
펴낸이 안종만 · 안상준

편 집 전채린
기획/마케팅 조성호
표지디자인 BEN STORY
제 작 고철민 · 김원표

펴낸곳 (주) 박영사
서울특별시 금천구 가산디지털2로 53, 210호(가산동, 한라시그마밸리)
등록 1959. 3. 11. 제300-1959-1호(倫)
전 화 02)733-6771
f a x 02)736-4818
e-mail pys@pybook.co.kr
homepage www.pybook.co.kr
ISBN 979-11-303-2334-3 03040

정 가 12,000원